JN143423

大嘗祭の本義

―民俗学からみた大嘗祭―

著者・折口信夫
現代語訳・森田勇造

三和書籍

【凡例】

■本書は折口信夫の「昭和三年講演筆記」を現代語訳したものである。

■底本は中央公論社『折口信夫全集　3』（1995年4月10日発行）で、青空文庫作成の文字データを使用した。文字データについては巻末を参照されたい。

■現代語訳する際の文字遣いや表現には、特に厳格な基準を設けてはいない。

■原文では項目を数字のみで示してあるが、本書では内容を勘案して適宜に項目タイトルを付した。

■フリガナはほぼ原文通りとしたが、必要に応じて新たに加えたり、削除したりした。

【目次】

はじめに

私の講演の演題を、最初は「民俗学よりみた大嘗祭」としたのだが、それでは大嘗祭の意義が軽くなるのではと心配して、「大嘗祭の本義」とした。

題目がはなはだ神道家のようで、何だか神道の宣伝のような傾向があるが、実はこれまでの神道家の考え方では、大嘗祭はよく分からない。私は、民俗学の立場から、大嘗祭を明らかにしてみたい。

ここでまず申しておかねばならないのは、私の話が、少し不謹慎なように受け取られる部分があるかも知れないことである。しかし、話ははっきりさせておかないと、何も分からないので、明白にするのだが、かえって本義を追求することになり、大事にすることにもなる。

私たちの祖先の生活上の陰事《カクレゴト》、ひいては古代の宮廷の陰事を世に知らせるようになるかもしれないが、それがかえって、国の古さ・家の古さを思い知らせることにもなる。単なる末梢的なことで、憤慨することのないようにしていただきたい。国を愛し、宮廷を敬う情熱においては、他の人には負けないつもりである。

一、にえまつりについて

最初に「にえまつり」から話をすすめることにする。

「にえ」は、神または天皇陛下の食物ということである。それは調理した食物のことで、「いけにえ」とは違う。

生贄《イケニエ》とは、動物・植物を通じて生《ナマ》のままで奉ることのできる、生きている贄のことである。

これまでの神道家は、〝にえ〟と言えば、生物のことであるが、調理したものをいうのである。お好みのままに、いつでも調理して差し上げます、と言って備えておくのが、生贄《イケニエ》である。本当は調理した食べ物を差し上げるのが普通で、生物《ナマモノ》を差し上げるのは、本式ではない。この贄のことから始めて、大嘗祭について話したい。

大嘗祭は、古くは〝おほむべまつり〟と言っていた。〝おほんべ〟即ち「大嘗」については、次の新嘗・大嘗のところで話すことにして、まず〝まつり〟の語源を調べてみることにする。この〝まつり〟という言葉がよくわからないと、古代の文献を見ても、わからないことが多い。

〝まつりごと〟とは、「政」ということではなく、朝廷の公事全体を差していう。具体的に例をあげれば、食国政・御命購政などというし、平安朝時代にも、検非違使庁の着駄《チャクダ》の政などという例もある。着駄というのは、首枷《クビカセ》を着ける意味で、言わば、庁の行事始めということである。ともかくも、〝まつり〟・〝まつりごと〟は、その用語例からみると、昔からのしきたり「ならわしのこと」をいう意味に用いられている。

私は、〝まつる〟と〝またす〟は、対句をなしていて、自らすることを〝まつる〟と言い、人にさせることを〝またす〟というと思っている。日本書紀にも、遣または令という字を〝またす〟と読ませている。

そもそも〝まつる〟という語には、服従の意味がある。〝まつらふ〟も同様である。上の者の命令通りに執り行うことが〝まつる〟で、他人にやらせることを「またす」という。人に物を奉ることを〝またす〟というのだと考える人もいるが、それはよくない。他人にまつらせること、これが〝またす〟というのである。〝させる〟・〝してやらせる〟が〝またす〟である。

日本古来の考えでは、この国の行事は、すべて〝天つ国〟の行事を、そのまままねているので、神事以外には何もない。我国で行われることは、天つ神の命令によって行っているので、天つ神の命令を伝え、その通りに執り行っていることを、〝まつる〟というのである。

ところが、後世になって少し意味が変化して、命令通りに執り行いました、と神に報告することをも、〝まつる〟というようになった。

古典に用いられている「祭り」という言葉の意味は、御命令通りにすぐ執り行い、このように出来上りました、と報告する神事をいうのである。

〝まつり〟の多くは、言葉によって行われる。たとえば、「仰せ通りに致しましたらこのように出来上りました」、というように申上げるのである。

ここから段々と「申す」という意味に変ってくる。そして、天皇に繰り返して申し上げることも「申す」というようになり、その内容もまた〝まつる〟の本来の意味に近づくようになった。

〝まをす〟とは、上の者が理解してくれるように仕向けることであり、またあわれみを訴えて、上の者に理解や同情してもらい、自分の願いを相手に聞き入れてもらうことである。

〝こひまをす（申請）〟などいう言葉もこれから出てきたのである。

このように、だいたいには「申す」と「まつる」とは、意味は違うが、内容においては、似通っている。この点はまた後ほど話すことにする。

二、まつりごととは

日本の天皇様は、古代からどのような貴《とうと》い位におられるのだろうか。そのことについて古い文献を調べてみると、天皇様は食国《オスクニ》の〝まつりごと〟をしていることになっている。だから天つ神の子孫は、高天原から降臨した神の命によって委任されたことを行うために、この地上に来られた御方である。

天皇様が、〝すめらみこと〟としてなすことは、我国の田の生《ナ》り物をお作りになることであった。天つ神の〝またし〟を受けて高天原から降臨なされて田を作り、秋になると〝まつり〟をして、田の作物を天つ神にお見せする。これが食国《オスクニ》の〝まつりごと〟である。

食《オ》すというのは、食《ク》うの敬語である。今では、食《オ》すを食《ク》うの古語のように思っているが、そうではない。食国《オスクニ》とは、召し上られる物を作る国ということである。後の、治《オサ》める国という考えも、このことから来ている。食《オ》すから治《オサ》める、という言葉が出たことは、疑いのないことである。

天照大神と御同胞の月読命の治める国の中で、夜のものという意味で、食《オ》すは、前とは違った意味で用いられている。どうして違うかというと、日本の古代には口伝されたものが多いから、話し手の言語情調や、言葉に対する感覚の違いによって、意味が分れるのである。

この民間伝承は極めて自然の形であって、古事記と日本書紀とでは、同じような話に用いられているが、その意味は異なっている。時代を長く経ると、語り部も多かったので、このような具体的違いが生じるのである。

さて、食国《オスクニ》を〝まつる〟ことが天皇様の本来の職務であり、それを命令したのは、天つ神である。古事記や日本書紀では、この天つ神を天照大神としている。この点は、歴史上の事実と信仰上の事実とが矛盾している。歴史上では、幾代もの長い間、天皇様は一系で治めていらっしゃる。信仰上では、昔も今も同様で、天つ神の代理者として、我国を治められている。我が国土をご自分の領土になさるというようなことや、領土拡長のことなどは、信仰上ではお考えなされない。

天皇様は、神の言葉を我国にお伝えなさるために、来られたのである。この意味が変って、神に申し上げる報告の意味になったのである。

我々の考えでは、働かなければ結果が得られないと決っているが、昔は、神の威力ある言葉を精霊に申し聞かせると、言葉の威力で、いう通りの結果を生じると信じていた。我国の精霊は、神の言葉を伝えられると、その通りにせねばならぬのである。貴《とうと》い方が、神の言葉を伝えると、その通りの結果を生じたのである。これが、〝まつる〟ということで、また食国《オスクニ》の〝まつりごと〟でもある。

私は、祭政一致ということは、〝まつりごと〟が先で、その〝まつりごと〟の結果の報告祭が、〝まつり〟であると考えている。祭りは、第二義的なものである。

神または天皇様の仰せを伝えることが、第一義である。ところが、天皇様は、天つ神の言葉を伝えるし、また天皇様のお言葉を伝え申す人がいる。そしてまた、天皇様の代理者の言葉を伝える人もいる。こうして段々と、上から下へと伝える人がいるのである。

この天皇様のお言葉を伝える人を〝まつりごと人〟という。日本書紀には、「大夫」・「宰」などの文字が当てられている。この大夫や宰は、高い位置の官吏ではないのに、どうして〝まつりごと人〟などという、尊い名称で呼ばれるのだろうか。これは、前に申したように、段々下へ〳〵と行くからである。こうした人々を、御言持《ミコトモチ》という。このような意味で、天皇様も御言持《ミコトモチ》である。即ち、天皇様は神の言葉を伝達するという意味である。

神の代理をする人は、神と同様で、威力も同様である。たとえば、神ながらの道などという言葉は、天皇様のなされることすべてを退けていうのであって、決して神道ということではない。天皇様は、神そのものなので、神と同様ということである。神ながらは、信仰上の言葉であって、道徳上の言葉ではない。この意味において、天皇様のお言葉は、神のお言葉なのである。

日本の昔の信仰では、〝みこともち〟の考えが、幾つも重なって時代が進むと、下の者も上の者と同様だと考えた。そして、鎌倉時代から、下尅上の風潮も生じた。

日本古来の信仰に、支那の易緯の考え方を習って、下尅上といったのである。このような話はいくらしても限りないが、申さないと、贄祭りの本当の意味がわからないから話したのである。

古代の〝まつりごと〟は、穀物をよく稔らせることで、その報告祭が〝まつり〟であることは、前にも述べた。この意味において、天皇様が人を諸国に遣して、穀物がよくできるようにするのが、食国《オスクニ》の政である。ところが穀物は、一年に一度稔るのである。その報告をするのは、自ら一年の終りを告げることである。だから、祭りを行うことは、一年の終りを意味することになる。この報告祭が、一番大切な行事である。この行事を大嘗祭《オホムベマツリ》という。

ここで考えることは、大嘗と、新嘗との区別である。新嘗というのは、毎年、新穀が収穫されてから行われるのを言い、大嘗とは、天皇様一代一度行われる大祭である。ところが「嘗」という字を当てたのは、支那に似た行事があったので、それに当てはめたのである。

新嘗の用語例を集めて考えてみると、新穀を召し上がるのを、〝新なめ〟とは言えない。〝なめる〟ということには、召食《メシアガ》るの意味はない。日本書紀の古い注釈を見ると、

〝にはなひ〟ということがある。万葉集にも、〝にふなみ〟という言葉があり、その他にも〝にへなみ〟と書かれていることもある。

今では、山形県北西部の庄内地方の百姓の家では、秋の終わりの或る一日だけ、庭で縄をない、ない終わると家に入る。これを行うには、庭に竈を造って、その日一日は庭で暮すようだ。日本書紀の古い注釈に見える〝庭なひ〟というのは、このことであろう。このことを考えてみると、一種の精進で、禁慾生活を意味するのである。だが、庭で縄をなうから、〝庭なひ〟だとしてはいけない。これには、何かの意味があって、庭で縄をなうのであろう。

〝にはなひ〟・〝にふなみ〟・〝にひなめ〟・〝にへなみ〟、これら四つの用語例を考えてみると、〝にえ〟・〝には〟・〝にふ〟は、贄と同語根であることがわかる。この四つの言葉は、〝にえのいみ〟ということで「のいみ」ということが「なめ」となったのである。発音からみても、ごく近いのである。結局これは、五穀が成熟した後の、贄として神に奉る時の、物忌み・精進の生活であることを意味するのであろう。

新しくできたものを、神に進めるための物忌み、ということになるのである。神様の召し上りものが、〝にえ〟であることは、前にも申した通りであるが、同時に、天皇様の召し上りものもまた、〝にえ〟である。そうすると、新嘗の大きな行事であるから、〝大にひなめ〟と言い、それから〝おほんべ〟となったことがわかる。

この大嘗と新嘗とは、どちらが先かには問題があるが、大嘗は、新嘗の大きなものという意味ではなく、或いは大は、壮大なる・神秘なるの意味を表わす敬語かも知れない。この方が本来の意味かも知れない。

普通には、大嘗は天皇御一代に一度、と考えられているが、古代ではすべて大嘗であって、新嘗・大嘗の区別はなかったのである。何故かと言えば、毎年宮中で行われることは、少なくとも御代初めに行われることの繰り返しにすぎないという、古代の信仰から考えられるのである。

御代初めに一度やられたことを、毎年繰り返さぬと気が済まないのであった、と見るべきである。それが新嘗である。新嘗のみではなく、宮中行事には、御代初めに、一度行えば済むことを、毎年繰り返す例がある。だから、名称こそ新嘗・大嘗と言っても、その根は同じものである。

この新嘗には、生物《ナマモノ》だけではなく、料理した物も奉げる。その前には長い〳〵物忌みが行われる。単に自然な穀物を煮て差し上げるだけの行事ではない。民間には、その物忌みの例が今も残っている。

常陸風土記によると、祖神《ミオヤガミ》が富士山を訪ねて、富士で宿泊しようとすると、富士の神は、新粟《ワセ》の初嘗《ニヒナメ》で、物忌みにこもっているので、泊ることはできない、と断った。そこで祖神は、筑波山に行って宿泊を頼んだら、筑波の神は、今夜は新嘗をしているが、祖神ならお泊めしないわけにはいかない、と言って、食物を出し、敬《ツツ》しんでお受けした、とある。

この話は、新嘗の夜の物忌みを物語ったものである。この話でわかるように、昔は、新嘗の夜は、神が訪ねて来たのである。

なお、万葉集巻十四には次のように記されている。

〝にほとりの　葛飾早稲《カツシカワセ》をにへすとも、そのかなしきを、外《ト》に立てめやも誰ぞ。此家《ヤ》の戸おそぶる。にふなみに、わが夫《セ》をやりて、斎《イハ》ふ此戸を〟

これは、新嘗の夜の物忌みの有様を歌っているのである。この歌などは、すでに神が来訪することを忘れて、単に男女関係の歌のようだが、神が来た様子がうかがえる。神の来訪を、愛人が来るかのように表現されていたのだ。ところが、この新嘗に似た行事が、まだ他にもある。それは神嘗祭である。そこで、次には神嘗祭について話すことにする。

三、神嘗祭と新嘗祭

神嘗祭・神今食・相嘗祭の三つは、新嘗祭に似ている。だから、まず神嘗祭から話を始める。

これは、新嘗祭と相対して行われた祭りで、九月に行われる。伊勢神宮に早稲《ワセ》の初穂《ハツホ》を奉納する祭りだと思われている。天皇様の新嘗に先立って行われるのだが、六月と十二月にも同様な行事が行われる。神今食というのがそれである。

この神今食のことを、「かむいまけ」と読む人々がいて、新米を奉納する行事だとしているが、十二月の方はともかく、六月にはまだ新米は出来ていないから、この説には同意しかねる。

なお、神今食において奉納するものは、早稲の初穂ではなく、古米を奉納するのだと、私は考えている。しかし、従来の神今食と、神嘗や新嘗との区別がはっきりしていない。私は、新米を奉納するのと、古米を奉納するのとの違いであろうと考えている。何故かというと、神今食の直前に行われるのに月次祭がある。これは六月と十二月とに行われる。つまり、一年を二つに分けて行ったのである。このことは、すでに平安朝時代に見えている。

この月次祭の後、すぐにつづいて行われるのが、神今食である。月次祭の時は、日本中の大きな神社の神々が、天皇様の許に集って来る。その集って来た神々に、天皇様が物を食べさせてお返しするのが、神今食である。

大切な祭りは、一年に二度行うというのは、一年を二つに分ける習慣によるのである。つまり、夏の終りを年の終りと考え、年の終りの冬ごとに神が来訪するとしている。その神に御馳走して帰すのが、神今食なのである。これは、よく考えて見ると、新嘗を二つに分けて、日をちがえて行った、ということになる。月次祭は、新嘗祭の変化したものので、途中から変った特異な形態が習慣化したものであると、考えられている。

神嘗祭とは、諸国から奉納されたところの、早稲《ワセ》の初穂を、宮廷で整理、保管し、九月になってから、伊勢の大神に奉納することなのである。諸国からの初穂を朝廷に奉納する使いを、〝のさきのつかひ〟と言い、荷前使と書くのである。

古くから神嘗祭と言ったのかどうか、或いは、新嘗という支那（中国）語の訳が出来てから、神の新嘗という意味で、神嘗というようになったのかもしれない。いずれにしても、神嘗祭は、前にも言った相嘗祭と、関連させて話さねばならない。

各地方から稲穂を奉納するのは、鎮魂式と関係があるので、ここで話しておく。

各地方から稲穂を奉納するのは、宮廷並びに宮廷の神に従うことを誓う意味なのである。日本では、稲穂は神なのである。それらには、各地方の魂がついている。魂の内容は、富・寿命・健康などである。諸国（各地方）から米を差し上げる（奉納する）のは、これらの魂を差し上げることになるので、絶対服従ということになる。この米の魂が身につくと強くなり、寿命が延び、富が増えるのである。そして、この魂である米を差し上げることを、〝みつぎ〟という。ただ〝つぎ〟ということもある。

こうして、全国から差し上げた稲穂を、天皇様は、ご自分で召食《メシアガ》らないうちに、上の方《カタ》である伊勢の大神に奉納される。それは料理した御飯と稲穂のままの二通りを、〝はざ木〟にかけて差し上げる。これを〝かけぢから〟という。こうして、各地方から来た米を、天皇様自らが、伊勢の大神に差し上げるのは、祖霊神に魂を差し上げることになり、服従を誓われることになるのである。

こうした関係は、民間にもある。本家・中本家・小本家と言ったように分れている家柄では、各家で子分を持っている。その子分が小本家に納めた物を、小本家では中本家へ、中本家では、小本家から納められたものと、自分の子分が納めたものを一緒にして、大本家に納める。この場合には、「もらい物ですが差し上げます」と言って納める。こうして子分から次第に上へ納めて行く。すると、献上物の威力・効力を増して一層強くなる。これは信仰上の具体的なやり方である。

以上のようなことで、神嘗と新嘗とは大分違っているのである。新嘗は、後世において〝刈り上げ祭り〟のようになっているが、本当は、神の命令で行った農事の報告であり、神嘗は、各地方から宮廷に納められた稲穂を整理して、伊勢大神宮へ奉納する行事である。

ところが、各地方から納められた稲穂を、天皇様がさらに上の神に納められる行事は、他にもある。それは相嘗祭で、十一月の中の卯《う》の日に行われる。卯の日が二度しかない時には、初めの卯の日に行われる。新嘗祭よりも一回り先の卯の日に行われるのである。この時は、宮廷から畿内近辺の大きな神社に、稲穂を供える。これが相嘗祭である。また、天皇様の血筋や、外戚の陵墓にも供えるが、これは荷前《ノサキ》という。

要約すると、地方から宮廷に納められた稲の初穂を、九月に入ってから、伊勢に奉納することを神嘗と言い、その他の神々または大きな神社に奉納するのを相嘗と言い、陵墓に備えるのを荷前《ノサキ》というのである。いずれも、新嘗祭前後に行なわれている。本来は、神に奉納するのは相嘗と言い、それ以下の神で、しかも天皇様が尊敬する神、または、天皇様の血縁の方に差し上げることを荷前《ノサキ》と言ったのである。

これらの行事がすんだ後で、新嘗祭が行われた。正式には新嘗祭は十二月の中の卯の日に行われた。ここで問題になるのは、卯の日という干支を用いることが、はたして古代からあったかどうか、ということである。

現在知り得る範囲では、日を数えることよりも、干支を数える暦の方が古い、と言える。少なくとも、支那の古い暦法を伝えた漢人や朝鮮系の人が、天孫民族と同時か、或いはそれ以前に渡来していたことは事実である。

新嘗祭その他、すべての行事をするのに、干支によって定められる以前は、占いによって決めていた。それがいつの間にか、干支によって定められるようになったのである。こうして日を定めて、十一月の中の卯の日、または下の卯の日に新嘗祭をするのである。これを秋の祭りという。

平安中期の法典である延喜式の祝詞を見ると、大和の龍田の風神祭祝詞がある。これは、五穀が稔ることを祈り、〝さて稔ると、このように様々に出来ました〟というて、秋祭りに五穀を納めるのである。この秋祭りというのは、四季でいう「秋」ではなく、新嘗祭という意味であって、農事に関係のある言葉である。

ところが、相嘗祭は、龍田風神祭の詞の中にはないが、古代からなかったとは言えない。中世から何かの原因で絶えたと考えるべきである。

祝詞にある秋祭りについて考えてみても、新嘗または相嘗は、今の暦上での秋ではない。しかし、それを昔から秋祭りと言っているところからすると、秋についての考え方が、昔と今では少々違いがあったのであろう。実際、地方の秋祭りは、早稲の刈り上げ前に行われているので、晩稲の刈り上げが済んでからやるのは、正式の秋祭りではなく、家々の祭りなのである。

それでは何故家々、すなわち地方では、早く秋祭りをするのかと言えば、朝廷へ奉る荷前《ノサキ》の使と同時に、各地方の神の祭りをするのである。朝廷の新嘗祭と前後して、各地方での神にまず差し上げる。それが秋祭りの始めなのである。もう一つ、後世の理由であるが、稲の花の散った後が大切だからでもある。

この二つの考えが一つになって、今の秋祭りが行われるようになったのである。だから今、民間で行われている秋祭りは、本当の秋祭りとしてのものではなくて、むしろ、家々の祭りであって、神社の祭りではないのである。

新嘗祭と同様なものが、本当の秋祭りである。田舎の秋祭りは、新嘗祭よりも早く行われる。新嘗を中心に考えると、少し変なのだが、容認出来ないことではない。前に挙げた「にほどりの」という歌にしても、その地方で勝手に祭りを行うことからできた歌で、宮廷よりも先に行ったことが窺はれる。

宮廷の新嘗祭は、日本中の稲の総括《くく》りのようなものである。秋祭りには、前に述べた意味と、もう一つは、冬祭りともいうべき意味がある。

さて、秋祭りが、同時に冬祭りでもあるのに、どうして冬祭りと言わないのかといえば、秋祭りには、祭りの最も古い意味があるが、冬祭りは、少し意味が違っているからである。

四、秋・冬・春祭りと鎮魂行事

私の考えでは、大みそかの一夜において宵のうちに秋祭りが行われ、夜中に冬祭りが行われ、明け方に春祭りが行われるのである。そして、続いて初春（新年）の行事が行われる、という順序なのである。

この後に、中国大陸からの太陰暦が取り入れられて、秋・冬・春という暦上の秋・冬・春が当てはめられて、秋祭り・冬祭り・春祭りとなり、さらに夏祭りが割り込んできたものと思う。

冬祭りとは何かと言えば、歳の暮に神がやってきて、今年の産物を受けて報告を聞き、家の主人の長寿を祝福し、健康であることを祝う祭りをいうのである。

古い文献によると、秋祭りの晩には、尊い方がやって来られたことが書いてある。来られなかった場合には、自分よりも身分の高い人にお願いして、来てもらっている。

後世の宴席または祭事において、正客を迎える習慣は、遠い昔にその起原のあることがわかる。すなわち、秋祭りとは、主人が遠来の神に、田畑における作柄の報告をすることである。そして、冬祭りとは、この秋祭りが終わって、客神《マレビト》が主人のために長寿の寿ぎと健康の祝福をすることとである。同席で行われても、両者の間には、区別は明らかにある。

ここで「冬」という言葉について考えてみる。〝ふゆ〟は〝殖ゆ〟で、分裂すること・分れること・枝が出ることなどを意味すると、古典に記されている。枝のように分れて出るものを取り扱う行事が、冬の祭りである。〝ふゆ〟は、古代では〝ふる〟と同じであった。もともと、〝ふる〟は、衝突することであるが、古代では密着するという意味である。これから「触れる」という意味にもなっている。

日本の古代の考えでは、魂が人間の身体に入る時が冬であった。歳の暮にやって来る魂を呼んで身体に付着させる、いわば、魂の切り替えを行う時期が冬であった。

我々の先祖の信仰では、人間の活力の根元は魂で、強い魂を身体に付けると、元気になり、精力的になるのである。

この魂は、外から来るもので、西洋でいう〝まなあ〟のことである。この魂が付着することを日本では〝ふる〟という。魂を付着させる役目の人々がいて、毎年冬になるとこの魂を呼んで人に付着させる。すると、春には新しい力がついて活発に活動する。

今から考えても、一生に只一度魂をつければよい訳だが、不安に感じたのだろうか、毎年繰り返していた。新嘗を毎年、繰り返すのと同じ信仰心で、魂は毎年蘇生するものだとの考えである。この復活の信仰心は、日本の古代においては強かった。

古代信仰における冬祭りは、外から魂を身に付けるのだから、〝ふるまつり〟である。ところが後にはこの信仰が少し変化して、魂が身に付くと同時に分割すると考えるようになってきた。これが第二の〝ふゆまつり〟である。

日本書紀の敏達天皇の条を見ると、天皇霊という言葉がある。これは、天皇様としての威力の根元的魂ということで、この魂を付けると、天皇様としての威力が生ずる。これが、冬祭りである。

ところが、後の或る時期において、この魂は分割するのだと考えるようになった。そして分割した魂は、他の人々に分けることができた。この分割した一つ〳〵の魂は、着物を依り代とした。一衣一魂として、天皇様は、年の暮れに親しくて近い人々に、着物を配られた。これを御衣配という。

天皇様以下の人においても、家々の上の者の魂を分割するのに、衣に付けて分配した。これを衣配《キヌクバ》りと言った。これが近世まで続いて、武家時代にも、召し使いに為着《シキ》せを与えるという習慣があった。

この魂の分割・衣分配の信仰は、冬祭りの第二の意義である。この祭りを鎮魂式というのである。〝たまふり〟、または〝みたまふり〟ともいう。後世になると、〝たましづめ〟というようになった。〝たましづめ〟というのは、人間の魂が或る時期に身から游離し易くなるから、それを防ぐためと、すでに游離した魂を落ちつかせるためである。このように考えるのは、後になってからである。

支那（中国大陸）にもこれに似た行事があり、やはり鎮魂と表現しているところから、日本の〝たまふり〟を鎮魂と訳したのだろう。

その大本は、外来魂を身に付けることが第一で、第二は分割の魂を人々の内に入れてやる入魂で、第三は鎮魂である。

この鎮魂の行事は、非常に重大なもので、宮廷では十一月中に、日を卜《うらな》い定めて行った。ところが、〝たまふり〟の祭りの中には、もう一つ違った祭りがある。それは、魂を付着する意味が変って、目下の者が、自分の主人または年長者に服従を誓うために、魂の主要なものを、年長者や主人なりに献上してしまうという祭りになっているのである。

それで主人または年長者は、元来の自分の魂と、目下が奉った魂とを合わせて持つことになるから上位の人となる。この行事がやはり天皇様の御代初めに行われた。それがまた、新嘗のように毎年繰り返されるようになった。この行事もまた、〝みたまふり〟の一つである。

以上のように、生きている人が、自分の魂の大部分を、年長者に奉ることを〝みつぎ〟と言い、目下の物が献った多くの魂と、元来天皇様の持っておられる魂とを一緒にしたものを分割して、臣下の者が頂くことを〝みたまのふゆ〟という。そして、このための行事である祭りのことを〝みたまのふゆ祭り〟という。

結局、冬祭りは魂分割の祭りで、年の暮にはこの魂の切り替えに関する行事が、いろ

〳〵と行われた。後世になると、年に二度、盆と暮れとに行われた。さらにそれが、盆と正月とに行われることになったのである。

元来、冬祭りと秋祭りとは、一日のうちに引続いて行われたのであったが、やがて分れて秋祭りは十一月、冬祭りは十二月に行うようになった。このようになってからは、十一月に行われるのを鎮魂祭と言い、十二月に行われるのを一般的に御神楽と言い、内侍所の御神楽ともいう。

この二つは、ともに鎮魂祭である。十一月の方の祭りは、もともと日本にあった〝みたまふり〟の祭りで、十二月の方の祭りは、後に宮中へ這入ってきた鎮魂《ミタマシヅメ》の祭りである。

天皇様に下から魂を差し上げる時期は、だいたい冬の祭りと決っていたが、後には春行われるようになった。しかし、所によっては違った時期にも差し上げていた。これは、地方や家によって違っているのである。例えば、出雲の国造家では、国造の代替りの時、その年と翌年の二回、引続いて京都へ出て来て、天皇様に魂を奉る儀式を行った。

五、宮廷の鎮魂式と物忌み

前にも言った通り、宮廷の鎮魂式には三通りある。
一、猿女《さるめ》の鎮魂　鈿女《うずめ》の鎮魂法のことをいう。高天原伝来のもの。
二、物部の鎮魂　物部氏に伝来されている石ノ上《イソノカミ》鎮魂法。
三、安曇の鎮魂　奈良朝の少し前、宮廷に這入ったと見るべき鎮魂法。
これら三つのうち、猿女鎮魂と石ノ上鎮魂とは、合体している。最後に這入った阿曇《アヅミ》の鎮魂式は、海人部の者が取り扱ったもので、これは特殊な面白味があったので、日本古来の〝みたまふり〟とは違った待遇を受けて、十二月に行われることになった。

古来の日本流が〝みたまふり〟で、阿曇のは〝たましづめ〟の要素が主になっている。外来の魂を身に付けるのが、日本伝来の〝みたまふり〟で、魂の発散を防止し、かつすでに発散している魂を鎮まらせるのが、阿曇の〝たましづめ〟であり、御神楽なのである。

とにかく、鎮魂式というのは、多くの臣下から天皇様に魂を差し上げることだとわかればよい。それと同時に、冬と言っても、時代によっては十月のことであったり、十一月のことであったり、十二月のことでもあったことを、承知しておかなければならない。この鎮魂を行うと、天皇様は偉くなる。しかし、こうした行事は一代に一度やればよいのだが、毎年やるのはどうしてだろうか。昔の人は、魂は一年間活動すると疲れて役に立たなくなると考えていたので、毎年やるのである。毎年〳〵新しく復活しなければならないと考えていたからである。

畏れ多い事であるが、昔は、天皇様の御身体は、魂の容れ物である、と考えられていた。天皇様の御身体のことを、〝すめみまのみこと〟と申し上げていた。〝みま〟は本来肉体を申し上げる名称で、御身体ということである。尊い御子孫の意味とされたのは、後になってからである。

〝すめ〟は、神聖を表す詞で、〝すめ神〟の〝すめ〟と同じである。〝すめ神〟という神様は、何も皇室に関係のある神ではない。単に神聖という意味である。

この敬語が、天皇様や皇族の方を〝すめ〟と申し上げるようになったのである。この〝すめみまの命〟に、天皇霊が這入ると、天皇様は偉い御方となられるのである。それを奈良朝時代の合理的な考えからすると、尊い御子孫というように解釈しているが、本当は、御身体ということである。だから、魂の這入る御身体ということなのである。

この〝すめみまの命〟である御身体、すなわち肉体は生死があるが、魂は終始一貫して不変である。だから肉体が変っても、この魂が這入るとまったく同じ天皇様になるのである。

出雲の国造家では、親が死んでも喪に伏すことはなく、すぐにその子が国造となる。肉体の死によって国造である魂は、何の変化も受けないのである。

天皇様においても同様である。天皇魂は、唯一つである。この魂を持っておられる御方の事を、日の神子《ミコ》という。そして、この日の神子となるべき御方を、〝日つぎのみこ〟という。〝日つぎの皇子〟とは、皇太子のことではない。天皇様御一代には、〝日つぎのみこ〟様は、何人もおられる。そして、皇太子様は、〝みこのみこと〟と呼ばれたのである。

天皇様が崩御されて、次の天皇様が即位される間に、〝おほみものおもひ（大喪）〟というのがある。この時期は、〃日つぎのみこ〃のお一人が、日の御子（天皇様）になるための資格を完成する時と見なすことができる。

祝詞や古い文章によると、「天のみかげ・日のみかげ」などという言葉がある。この言葉は、一般的に天皇様のお家の屋根の意味だとされているが、実際には宮殿の奥深い所ということである。そこに天皇様はおいでになるのである。これは、天日が直接身体に当たると、魂が駄目になるという信仰によるのである。

天皇様となる資格を完成するには、直接日光に身体をさらしてはならないのである。先帝が崩御なされて、次帝が天皇に即位する資格を得るためには、この物忌みをしなければならない。この物忌みの期間を喪というのである。喪と書くのは支那語で、古代日本では「裳」または「襲」であったと思う。

大嘗祭の時の悠紀・主基両殿の中には、ちゃんと御寝所があって、寝具がある。敷布団を置いて、掛け布団や枕も備えられている。これは、日の皇子となられる御方が、資格完成のためにこの御寝所に引きこもって、深い物忌みをなされる場所である。これは実に重大な鎮魂《ミタマフリ》の行事である。

ここに設けられている夜具は、魂が身体に這入るまで引きこもっているためのものである。

裳《も》（昔、貴族が正装の時に袴《ハカマ》の上に付けた衣）というのは、裾を長くしたもので、今のような短いものではない。敷裳《シキモ》（敷きもの）などと言って、着物の形に造ったものもある。いずれにせよ、この期間中を「喪」というのである。

或る人は、この寝所を先帝の亡き御身体の形だというが、そうではない。死人をきたないもの・悪いものとして避ける古代信仰からしてもよくない。なお、さらにこれが高《タカ》御座《ミクラ》だという人がいるが、これも正しくはない。高御座に布団や枕を置くはずがない。高御座は、天皇様がお立ちになって、祝詞を申される場所であって、決してお寝になる場所ではない。ここでは何も申されないから、高御座とは考えられない。

古代日本の考え方によれば、血統上では先帝から今上天皇が、皇位を継承したことになるが、信仰上は先帝も今上も同一で、等しく天照大神の御孫である。御身体は一代ごとに変るが、魂は不変である。〝すめみまの命〟という言葉は、天照大神の子孫の方々という意味ではなく、御孫ということである。天照大神との御関係は、〝ににぎの尊〟も、神武天皇も、今上天皇も同じなのである。

この大事な復活鎮魂が毎年繰り返されるので、神今食・新嘗祭にも、大嘗祭と同じように復活を完全にさせるため、布団が敷かれたりすることがある。

日本書紀の神代の巻によると、この布団のことを、真床襲衾《マドコオフスマ》としている。あの〝ににぎの尊〟が天降りされる時には、これを被っておられた。この真床襲衾《マドコオフスマ》こそ、大嘗祭の敷ものを考える参考資料になり、皇太子《ヒツギノミコ》の物忌みのあり方を考える上にとっても重要なのである。

物忌みの期間中、日光を避けるために被るものが、真床襲衾である。これを取り除いた時に、完全な天皇様となる。これは、日本書紀の話によるのだが、このことを毎年の行事で例えれば、新嘗祭が済んだ後すぐに鎮魂祭が行われ、それが終って元旦の四方拝朝賀式が行われるということである。しかし本来は、一晩に一続きに行われたもので、秋祭りの新嘗祭と、冬祭りの鎮魂祭の後、すぐに真床襲衾から出て来られ、やがて高御座にお上りなってお言葉がある。

これらのことは、もともとは一続きに行われたのだが、暦法の変化で、分離して行われるようになったのである。

日つぎの皇子《ミコ》が、日の皇子（天皇様）になられると、天皇様としての言葉がある。すると、臣下の者たちは天皇様に治世の長久・繁栄をお祝い申し上げる。その正確な意味は、高齢・長寿を祝福することである。〝すめみまの命〟の御身体に、天皇霊が完全に這入ってから、臣下の者たちがお祝い申し上げるのだ。

臣下の者たちが、天皇様にお祝いごとを申し上げるということは、自分の魂の根源を天皇様に献上することである。日本には、完全無欠な服従の誓いはなかった。お祝いごとを申し上げることによって、臣下の者たちの魂は天皇様の身に付くのである。

天皇様が日本を治めるには、日本の魂を御身体にお付けにならなければならない。例えば、〝にぎはやひの命〟が、〝ながすね彦〟に付いていた間は、神武天皇は戦いに負けたが、この〝にぎはやひの命〟が、〝ながすね彦〟から放れて、神武天皇に付くと、ながすね彦はあっけなく負けた。

この話の中の〝にぎはやひの命〟とは、日本の魂のことである。この魂を身に付けた者が、日本を治める資格を得たことになる。

この日本の魂を取り扱っていたのは、当時の物部氏である。〝もの〟とは、魂ということであるが、平安朝時代になると、幽霊だの鬼だのとされていた。万葉集には鬼の字を、〝もの〟という言葉に当てている。

物部氏は、天皇様の御身体に、この日本を治める魂を付着させる役目をしていた。これが、猿女鎮魂以外に、石ノ上《イソノカミ》の鎮魂がある訳である。

ここで、猿女の鎮魂式を考えてみるのだが、そうすると、日本人の死生観がよくわかる。日本の古い信仰では、生と死の区別は不明瞭であった。人が死んでも魂をよび戻せば生きかえると思っていた。そして、魂がどうしても戻らぬとあきらめるまでは、ほぼ一年間かかった。この一年の間は、生死不明の時期で、古い文献を見ると、殯宮《モガリノミヤ》、または〝あらきの宮〟と言っているが、これは魂を付着させようとしている間の信仰行事によるものである。

御陵を造っている間が殯宮だという考え方は、後に支那の考えが這入ってきてからのことである。

殯宮の間における天皇様を、大行天皇としているが、これもまた、支那流の考え方が混っている。この期間中は生死不明であるとともに〝日つぎの皇子〟が、裳に服している間である。

猿女鎮魂の起源ともいうべきことは、天ノ岩戸の話の一つである。

天照大神が、天ノ岩戸に籠られた時、天ノ鈿女命は、鎮魂術を盛んに行った。それで、一度離れていた天照大神の魂は、再び戻ってきて復活した。

魂を付着させるということは、死を意味するとは限らない。このことから考えても、あの大嘗祭の時の寝床に入る行事が、死を意味するとは考えられない。

この寝床に入る行事が毎年繰り返されるのが、神今食・新嘗祭などの寝床である。寝床に入る回数が多いほど威力を増すという考えである。

こんな考え方からして、天皇様は、御一代の間に、毎年新嘗をして復活されるのである。そして、毎年復活して威力のある御身体で高御座にお上りになって、お言葉を下されるのである。

六、春の祭り

これから春の祭りの話について話す。

春の祭りは、大嘗祭と即位式、四方拝、それにもう一つ朝賀式とを兼ねたもので、正月の元日から三日間行なわれる。

大宝令（詳しくは養老令）によると、五つの詔書々式が記録されている。その中の二つは、外国に対してのもので、他の三つは国内に対してのものである。それらは大・中・小の三つに分れているが、おおよそ内・外は対をなしているものと思われる。国内向けの詔事中、大きな事に用いられる書式の最初の書き出しは、次のような言葉で始まっている。

――明神御大八洲天皇詔旨《アキツミカミトオホヤシマグニシロシメススメラガオホミコト》……咸《モロ〳〵》聞《キコシメセトノル》――

という言葉を書式の始めに書かねばならない。次に外国の朝鮮に対する詔書には、

――御宇日本天皇詔旨――

と書き始めている。

このように国内に向けては大八洲天皇と言い、外国には御宇日本天皇というのである。

そしてこの言葉を記す場合は、初春か即位式の時である。これからしても即位式と初春とは同じであることがわかる。

その意味は、大八洲はみな私の領地だ、ということである。そして、御宇日本天皇というのは、この言葉を受ける人は、皆日本の天皇様の人民になるという信仰上の言葉である。

支那に対しては言えなかったが、朝鮮にだけ用いられた。朝鮮半島の任那の国は、内屯倉《ウチミヤケ》と呼んでいた。〝うちみやけ〟は、朝廷に御料を収める所（領内）という意味である。

初春の詔書全体の意味は、即位式の詔書と全く同じである。内屯倉《ウチミヤケ》は天皇様の御言葉の威力が及んでいた所なので、この大八洲天皇とか、御宇日本天皇という言葉を見たり聞いたりすると、人々の身も心も、天皇様のものになってしまうのである。

後になって、大八洲と御宇日本は分けて使われているが、言葉の威力は同じで、少しの違いもなかったようである。即ち、この言葉の威力が及ぶ範囲が、天皇様の御領土ということになる。

日本史で知り得る限りでは、大和国の山辺郡大倭村が、〃やまと〃の始まりであったらしい。それが次第に拡がって、現在のような広さになったのであろう。

日本書紀によって仮説をたてれば、日本の宮廷は或る時期、筑紫の方で栄えたことが伝えられている。筑紫の山門《ヤマト》郡の名称が、神武天皇の大和入りとともについてきた名称とも考えられている。

とにかく、全国至る所を何故〃やまと〃と言ったかというと、前にも記したように、明神御大八洲天皇詔書……咸聞という言葉の威力が及ぶ範囲という意味である。

このことを信じないことには、日本全体を〃やまと〃ということがわからない。戦争で領土を拡大した、という考えだけでは、説明のできないことである。

また、続日本書紀によると、天皇様は、御代初めに何か申される時、大倭根子何々天皇と言いだされる。古事記にも日本書紀にある。「根子」の古い例は、山背根子・難波根子などである。根子とは、神主・君主ということである。昔は、神主は君主であった。

大倭根子と言えば、大倭全体の神事を司る人、即ち君主ということになるのである。後には 日本全体の祭主である君主を意味するようになった。

天皇様のお言葉は古い時代には口頭で言われたが、奈良朝時代の頃から文書に書いて伝えられるようになった。これを宣命というのだが、飛鳥ノ宮の末頃から文書の形式が定まるようになり、天皇御即位の年の春の初めには必ず宣命を下された。後になって、御即位の式と朝賀の式に分れても、仰せられるお言葉は、似たものである。

宮廷の儀式をみると、春の儀式と即位式とはたくさん似たところがある。そのため即位式と大嘗祭とは同じだという学者がたくさんいる。昔はきっと同じであったと思う。そして、この式は春に行われるものだと考えるようになった。

さて、春という言葉の意味が不明である。草木の芽が発することを「はる」ということからだと言われているが、本当のことは分らない。その他、いろ〳〵と言われているが、不明である。そして、春という言葉がいつ頃から使われ始めたのかも分からない。何にしても、〝はるかす・はるく・はる〟などと考えてみると、開けるという意味があるようだ。

今、ここで民間の春の行事から、宮廷の春の行事を考えてみる。

俳句の歳事記に、逆簑岡見ということがある。これは、大晦日の夜、簑を逆に着て、小高い所へ上って四方を見ると、来年の村の吉凶・五穀の豊凶等、万事が分るというのである。この風習は、春の前に山の尾根伝いに、村を祝福しに来る神がいたことを語るものである。

日本では、簑は人間でないしるしとして着るものであった。百姓は簑を着るが、これは、五月の神事の風習を真似て着るようになったのである。

〝すさのおの命〟は、千位置戸《ちくらおきど》を負わされて爪をぬかれ、髪を抜かれ、涙も唾も痰もみなとられ、仕方ないから青草を束ねて簑として出かけたと言っているし、奈良朝以前の風習だと思うが、簑を着て人の家に這入ると、這入った人から科料を取るという例もある。これは、簑は神の着るもので、神が来ると、祓いをしなければならないので、その費用を払わせるのである。簑に付いて神が来るので、簑を着て来る人から、祓いの費用を取るのである。今でも、民間では、人の家に簑を着て行った時は、必ず外でぬいで這入れと言われている。

また、前の岡見の話に戻るが、高い山から里に近い岡の上に神が来て、村人のために来年の様子を占ってくれたが、これは、大晦日の夜から明け方にかけてのことである。このことが変って、里人が蓑を着て神になって岡へ上った。こんな習慣は、神がやってくれたことを、人間がやるようになって、神の祝福の言葉を人間が代わりに言ってもかまわないというように変ってきたのである。

考えてみると、〝ににぎの尊〟も、山の尾根伝いに降臨されている。日本に来られた神々は、皆高い所から山の尾根伝いに下って来られている。この信仰的事実が、今も各地方にたくさん残っている。

ところで、春というのは、私たちの生活を原始的な状態に戻そうとする時であって、除夜の晩から初春にかけては、原始風な信仰行事が繰り返されている。つまり、原始時代にあった事を、春が廻り来るごとに繰り返しているのである。

古代においては、暦も一年限りであった。国の一番始めと、春とは同じであるとの考えである。このことからして、天皇様が初春に言われる言葉は、神代の昔に〝ににぎみの尊〟が仰せられた言葉と同じである。また、真床襲衾を被られ、それをはねのけて起きる神事や日の皇子となられたことなどは、代々の天皇様が行われる初春の行事になっているのである。

七、祝詞《のりと》（祭りの儀式に唱えて祝福する言葉）

元旦のお言葉は、後には書かれているが、元は天皇様御自身が直接話されたのである。だから天皇の御言葉は、神の言葉と同じなのである。神の言葉の伝達である。この天皇の言葉の事を祝詞《ノリト》という。今、神主の唱える祝詞は、この神の言葉を天皇様が伝達するという意味の変化したものである。

〝のる〟というのは、上から下へ命令することである。上から下へ言い下された言葉によって、すべての行動が規定され、法・憲・制などの文字に相当する威力をもっている。祝詞は正式には、天ツ祝詞ノ太祝詞というのである。

〝のりと〟は、〝のり〟を発する場所のことで、神座のことである。そして、この神座で申される言葉が、祝詞なのである。

「天つ祝詞の太祝詞ごと」とは、神秘で壮大崇高な場所で仰せられた御言葉ということである。この尊い神座を高御座《タカミクラ》という。

高御座とは、天上の日神がおられる場所と同じように高い場所という意味である。だから、祝詞を唱える所はどこでも高御座となる。

それでは、御即位式の時に上られる高御座は何を意味するかと言えば、前にも述べたように、天皇の領地で天上と同じ価値のある神秘な所という意味である。

天皇様の領地のことを天が下と言い、天皇様の御家を〝天のみかど〟などいうのは、天上の日の神が居られる所と同じ価値を持っている所という意味である。

〝みかど〟という言葉が、後には天皇様の領地のことになり、やがて天皇様を呼ぶ時に使われるようになっている。

高御座で仰せられる言葉は、天上の言葉と全く同じこととなる。だから、地上は天上になり、天皇様は天上の神となるのである。こうして、時も、人も、場所も、言葉もみな天上の元にかえる。不思議なことに、天上にある土地の名が、それぞれ地上にもある。

天の安河原は天上の土地の名称であるが、近江の国である滋賀県にもある。天上に高市《タケチ》があると思えば、倭にも高市郡がある。天上から降ってきた土地などという伝説は、こうした信仰心から出ているのである。

天皇様は、申すまでもなく日本の神主でありますので神事が多く、常に物忌みをしなければならない。ほとんど一年中祭りをしていなければならない。これは、長野県の諏訪神社の神主を見てもわかるように、年中祭りに忙殺されている。

天皇様は、日本中の神事の総元締めなので、なかなかやりきれない。そこで、中臣という御言詔持《ミコトモチ》ができた。この中臣は、天皇様と多くの臣下の間にいて、天皇様の御言葉を、多くの臣下に伝える職である。

それから、天皇様と神との間にいるものを、中天皇《ナカツスメラミコト》という。万葉集にも、中皇命となっている。この中皇命になるのは、たいていは皇女或いは后などである。

中臣は、主に天皇様の御言葉を伝えるのが役目であったので、天皇様が申されるはずの祝詞を代理で申した。そのため後に、中臣の言葉が、祝詞と言われるようになった。今ある祝詞は、平安朝時代の延喜年間に書かれたものである。平安朝には、すでに固定していたのであろう。その前には、祝詞の内容が常に変化していたと考えるべきである。

後には、中臣の家だけになってしまったので、次第に中臣の家が勢力をつけてきた。これは御言葉伝達《ミコトモチ》の職であったからである。

今ある祝詞は、一般に古いものとされているが、実は古いものの上に、新しい表現法が取り入れられている。神代の時代から続いているものはなく、奈良朝または平安朝頃に手が加えられている。古いままでは、分からなかったのである。時代ごとに理解しやすいように変てしまった。故意でなくても口伝の間に、自然に誤りが生じる。祝詞の中には何の事か分からなくなって、古いものでは手のつけようのなかったと思われる部分がある。

天つ神の言葉とされているのを、天皇様が高御座で唱えられるのが、古い意味の祝詞だが、中臣の手になってからは、祝詞の価値は下ってしまった。

奈良朝の少し前頃から、地方の神々が朝廷から良い待遇を受けており、平安朝では、地方の神々に位を授けている。朝廷の神は別として、それ以外の地方の神は、精霊の成り上りで、天皇様よりは位が下のはずである。だから、天皇様から位を授けられるのは、もっともなことである。しかし、位を授けられると地位が漸次高くなってきて、ついには天皇様と同じくらいにも考えられるようになった。それで、地方の神が申される言葉が、天皇様と対等の言葉づかいで申されるようになってきた。

ところが、伊勢の天照大神に対しては、天皇様が下位に立たれている。だから、天皇様が天照大神に申される御言葉は、もともとは寿言《ヨゴト》の意味をもつものである。だが、延喜式では、前者も後者も同じく、祝詞と呼んでいる。

このような訳で、今日からすれば祝詞には多くの意味があるが、本当は天皇様が、高御座で仰せられる言葉が祝詞なのである。

祝詞の中では、春の初めのが一番重要である。古くは、大嘗祭の後に、天皇様の即位式があった。昔は、即位式といって別にあった訳ではない。真床襲衾からお出になられて、祝詞を唱えられると、すぐ春となるのである。

もともとは大嘗祭と即位式、そして朝賀の式は一続きになっていたのである。その間に行われる四方拝というのは、元来、天皇様が高御座から臣下や地方の神にお言葉を下されることをいうのであったが、後に、支那の道教の影響を受けて、天皇四方を拝すというようになってしまった。

八、寿詞《じゅし》（天皇の長寿・繁栄を述べる祝いの言葉）

ここで大嘗祭の時に天皇に申し上げる祝いの言葉について話してみよう。祝いの言葉とは、服従を誓い、自分の大事な魂を天皇に奉る時に唱える言葉である。これは各地方に伝わっている物語と同じようなものである。後には変化して、宮廷と自分たち臣下、または各地方との関係の成り立ちを説明するようになった。それで、宮中に仕えている役人などは、自分の職責や来歴を申し上げるのである。

朝廷に直接に仕えている役人だけではなく、地方の長官や豪族の首長または家々の長なども地方または家々を代表して、祝いごとを申し上げる。このことは、近代まで初春の行事にその形式をとどめている。

一年に二度行われたらしい様子も、お盆の行事にその名残りがある。今日民間でも初春に「おめでとう」というのは、おめでたく今年一年間過ごせますようにという、祝いの言葉の大事な部分が単純化されたものである。この言葉を申し上げるのが、すなわち服従を誓うことになるのである。

ところが、最初から朝廷に仕えてきた人々の祝いの言葉と、各地方が申し上げる祝いの言葉とは、性質が違っている。初代から使えている人々は、自分の職業が神聖であることと経歴を説明するし、各地方のは、天皇様に服従した経過や関係を申し上げるのである。

例えば、天孫降臨の時、〝ににぎの尊〟がつれて来られた、五ノ伴ノ緒の子孫らが申される祝いの言葉は、古いものであるが、朝廷と各地方との関係を申し上げるのは、新しい祝いの言葉である。この祝いの言葉は、大嘗祭・即位式・元旦などにおいて申されるのである。しかし後には、春と大嘗祭の二度、代表者が申し上げることで間に合わせることになった。

元旦の朝賀式に、天皇様が祝詞を下される式は、奈良朝時代にはすでに陰に隠れてしまい、多くの臣下が祝いごとを申し上げるために出る義式のみとなった。これは、物部とか、蘇我とか、大伴などという、高い臣下の代表者が出て申し上げる儀式であった。

ところが、大嘗祭の時には中臣氏が代表して、祝いごとを申し上げる。すなわち、百官を代表して自分の家の職業を申し、天寿を祝福するのである。それと同時に、各地方の祝いの言葉が奉られるのだが、その話は後にして、ここでは中臣の祝いの言葉について話をする。

後の世では、大嘗祭の二回目の辰の日の卯の刻（午前五時から二時間を指す）に、中臣が天神に祝いの言葉を申し上げる。天皇様はこれより少し前に、悠紀殿へ御出になり、つづいて皇太子・臣下の者たちが着座する。そこへ神祇官の中臣が、榊の枝を笏《シャク》（束帯の時右手に持つ薄い板）に取り添えて、南門から這入って定座に着き、祝いの言葉を申し上げる。即位式にもこれとまったく同じことを行う。これから見ても即位式と大嘗祭とは同じであると言える。

では、中臣ノ天神ノ祝いの言葉とはどのようなものかと言えば、まったく中臣の祝いの言葉であって、天つ神の祝いの言葉ではない。もともとこの祝いの言葉は、宇治左大臣藤原頼長の日記の中に書かれていたものである。

これは康治元年（近衛天皇朝の年号で紀元一一四二年）に、近衛天皇が即位式を挙げられた時に用いられたことを、書きとったものである。実に幸いなことに偶然に残ったその祝いの言葉のだいたいの意味は、次のようである。

中臣の遠祖である〝あめのこやねの命〟が、皇御孫尊にお仕えしていた〝あめのおしくもねの命〟とともに二上山に登り、そこで天神にお尋ねした。「皇御孫尊に差し上げる御膳の水は、どのような水がよろしいでしょうか」と申し上げると、天神は、「それは、人間界の水と、天上界の水とを合わせて差し上げねばならない」と教え諭すように申された。

〝あめのおしくもねの命〟は、またお尋ねした。

「それでは、その水を得るにはどうすればよいのでしょうか」

天神が玉串をお持ちになって言うことには、

「この玉串を地上に立てて、日の沈む夕方から、朝日が上がって照り輝く時までに、天つ祝詞と太祝詞を申せばよい。そう申せば、その祝詞の効力によって、すぐにきざしが現れる。そしてノビル（野蒜）の芽が五百本も、竹やぶのように生える。そこを掘ってみれば、天の水が湧く。その水を取って奉れ」と申された。そして「この水をお飲みください」というのである。つまり、中臣としての聖職の経歴を申し上げるのである。

この縁故・来歴によって、悠紀・主基の地方の米に、天つ水をまぜて御飯を炊き、お酒を造って、天皇に差し上げる。これをお召しになると、天皇様は健康を増し、今までよりももっと栄えることができるのである。

中臣家は、水のことを司る家筋でもある。だから天皇様の御風呂にも仕える。そんなこともあって、天皇の后が出る家にもなる。つまり中臣は、水の魂を天皇様に差し上げる聖職の家柄である。言い換えれば、中臣の家は、水の魂によって生活している家筋でもある。それ故に、水の魂を天皇様に差し上げるということは、自分の魂を差し上げることにもなる。中臣は、多くの臣下を代表しているので、他の臣下たちの魂をも、天皇様に奉ることになる。昔は、神事と家系とは、切り離すことの出来ない、深い関係があったのである。

例えば、大伴家にしても、本来は宮廷の門を守っていた家筋である。「伴」というのは、いずれにしても、宮廷に属している者をいう語で、大伴は御門の番人のことである。記・紀によると、門の神を大苫部と言っている場合がある。大苫部と大伴部とは同じで、門をお預りしている役人ということである。後世では、こういう職の役人も増えて、物部の家筋の者も、御門の番人となっていた。そこで、門部の発達がなされ、数が多くなるようになった。平安朝時代には、大伴は単に伴と言っている。

大嘗祭の時に、悠紀・主基の御殿の垣を守るために、伴部の人と門部の人が出ることになっている。これは両者同一な役目を勤めるが、本来は異なった系統の者である。これらの御門の番人は、もとは或る呪言をもって外来の悪い魂を退けたのである。

これらの家筋の長を伴造と言い、その部下の者を伴部または部曲と言っている。この長である伴造は、いろいろな人がいるが、主には神主の地位にいた人であった。神主という職業で、天皇様に仕えていた。この者たちが後に官吏化して、近衛・衛門・兵衛などの職ができた。これらは、大伴部・門部・物部などの家筋から離れた者が、官吏化してできたのである。

平安朝にはもうむちゃくちゃになって、庭掃きの者に至るまで「殿守の伴のみやつこ」などというようになってしまった。だが、大嘗祭の時には、昔の形を復活して、大伴部・門部・物部などの人々の代表を、官人が任命して、御門警護の任に就かせた。

九、大嘗祭における御所の警護

次には大嘗祭における御所の警備について話してみる。

ところで、物部という語には、固有名詞と普通名詞としての意味がある。八十物部（八十武夫）というように、この部に属している者は、たくさんいた。物部もその中の一つであるが、一般的には魂を追い出したり、ひっつけたりする役目が物部なのである。大伴が代表者となったのは、大倭の魂を取り扱ったからである。大嘗祭の時に物部の任務が重視されるのは、このためである。

物部氏の本流は亡びたが、石《イソ》ノ上《カミ》氏が栄えていて、大嘗祭の時に重要な御門の守りをした。それは、門で楯や矛などを立てて、外敵を差し止めることをしたのである。この楯を立てて宮廷を守ることを歌ったのが、万葉集巻一に出ている。

〝健男《マスラヲ》の鞆《トモ》の音すなり。物部《モノノフ》の大臣《オホマヘツギミ》盾立つらしも（元明天皇御製）〟

この歌に合わせられたのが次の歌である。

〝我が大君。物な思ほし。尊神《スメガミ》のつぎて給へる君なけなくに（御名部皇女）〟

この歌は、大嘗祭の時に物部の首長が、楯を立てる儀式を見て、即興に歌われたものである。この歌に合わせられた方の歌は、天皇が何か考えている様子を見て歌った次のような内容である。

「何もそんなに、お考えにならなくてもいいではありませんか。あなた様は、尊い神様が順次にお立てになった尊いお方なのですから」

大嘗祭などの重大な儀式において、楯を立てるのは、悪い魂が邪魔しないように、物部が追い払ったのである。口では呪《まじな》いを唱えて追い払うことをするが、具体的には楯を立てるのである。また矛を振り、弓をも鳴らす。

このようにして、宮廷の御門を守るのみではなく、海道四方の関所をも守った。日本の三関と言われている逢坂・不破・鈴鹿などは、何れも守られた。宮殿の御門を守るのと同じように考えて守られたのである。

ところで、大嘗宮は柴垣の中に、悠紀・主基二つの祭殿をこしらえてあって、南北に門がある。天皇様は、まず悠紀殿へお出になられて、そこで式をすませてから、次に主基殿にお出になられる。古来の習慣では、悠紀殿が主で主基殿は次の二番目になるようである。〝すき〟は、次という意味だと言われている。悠紀の〝ゆ〟は〝斎む・いむ〟などの意味の〝ゆ〟で、〝き〟は何なのか分からない。そして、何故〝ゆき〟・〝すき〟と二つ作るのかも分からない。しかし、おおよその推定はできる。

日本全国の代表として東西二つに分け、選定された二カ所から、大嘗祭に必要な品物をすべて持って来させて、この二殿で天皇様が御祭りをなされるのである。

昔は、もしかすると宮廷の領地の国数だけ、悠紀・主基に相当する御殿を建てたものかも知れない。そして、天皇様がまとめて大きなお祭りをされたのかもしれない。このお祭りの中にいろ〳〵な信仰行事が取り込まれて、天皇様の復活祭をも行われるようになったのだろうと思う。

天皇様が、悠紀・主基二殿の中に、寝具を設けられるようになったのは、いつの頃からかわからないが、よく考えてみると、何も寝具などなくてもよいように思う。悠紀殿や主基殿において復活なされる必要などない。復活式をなされる場所は大嘗宮の外になければならない。悠紀殿や主基殿に入られるのは、新嘗をなされるためなのであろう。

大嘗祭の時には、廻立殿をお建てになるが、おそらくこれが天皇様の御物忌みのための御殿ではなかったと考えられる。

この宮でなされる復活の行事が、いつの間にか、悠紀・主基の両殿の方へ移って行き、復活式を幾度もなされるようになったのであろう。

近世の悠紀・主基斎田の地

明治大嘗祭／主基斎田地・千葉県鴨川市（悠紀斎田地は山梨県・甲府市石田）

大正大嘗祭／悠紀斎田地・愛知県岡崎市六ツ実（主基斎田地は大分県・綾川町）

昭和大嘗祭／悠紀斎田地
滋賀県野洲市
（主基斎田地は福岡市脇山）

平成大嘗祭／主基斎田地
大分県玖珠町
（悠紀斎田地は秋田県・五城目町）

平成大嘗祭／主基斎田記念
碑前での 30 周年祭
（平成 30 年6月 14 日）

十、風俗と語部《かたりべ》について

昔は、大嘗祭の時に、〝ゆき・すき〟の二カ所から風俗歌が献上された。平安朝の頃は、その地方の古い歌を用いていた。その後にはその地方出身の古い歌人の歌を用いていたが、さらに時代がすすむと、都の歌人が代表して歌を作るようになった。

この風俗歌は、短歌の形式による、国風《クニフリ》の歌をいうである。この国風の歌は、その地方の祝い言葉に等しい内容と思ってよいだろう。国ふりの〝ふり〟は、〝たまふり〟の〝ふり〟で、国ふりの歌を献上するということは、天皇様にその地方の魂を差し上げて天寿を祝福し、合せて服従を誓うということである。

〝ふり〟は、舞にも歌にもいう。〝ふり〟というと、この二つを意味するのである。歌を歌っていると、天皇様に、その歌の中の魂がつき、舞を舞っているとその中の魂が付着する。各地方の稲の魂を、天皇様に付着させる時に舞や歌をするのである。

この魂〝ふり〟の歌を、天皇様に献上することが残って、記紀に記されている〝ふり〟の歌になるのである。今残っているのは、短い長歌の形をしている。各地方風の歌の初めは、呪《まじな》いの言葉と同様に、各地方の祝いの言葉から分かれたもので、長い呪いの言葉の中の〝えきす（エキス）〟の部分なのである。長い呪《まじな》いの物語を唱えなくても、この部分を唱えると同じ効果があるという考えである。大嘗祭の歌は、平安朝時代になると、まったく短歌の形になっている。

大嘗祭には、こうして〝ふり〟の歌を献上しているが、一方、卯の日の行事では各地方から、語部が出て来て、各地方の物語を申し上げている。平安朝時代には、七カ所から語部が出て来ている。

美濃八人・丹波二人・丹後二人・但馬七人・因幡三人・出雲四人・淡路二人の皆で二十八人。

昔からこれだけであったかどうかは分からない。また、これだけの地方が、領地のように特別な関係があってのことかどうかも分からない。恐らく、或る時に行われた先例があって、それに倣ってやったことであろう。それがまた一つの例になって、延喜式にはこのように定まっていたと考えればよい。平安朝以前には、これよりも多くの地方から出たのか、或いは、これらの地方が代表して出たのかもよく分からない。

何処の地方にも、語部らしいものはいるが、正しくそうであるとは伝わっていない。語部は、祝詞・祝い詞を語る他に、歴史を語った者もいる。奈良朝時代を中心として、一時は盛んであったが、やがて衰えてしまった。

大嘗祭の時に出て来る語部は、〝ふり〟の歌の本筋を語るのである。歌には舞が付いているが、歌の説明をすると、その由来の古さが分る。したがって、その歌の来歴がはっきりすると、歴史的位置づけがなされるのである

このような訳で、大嘗祭には各地方の語部が、歌の説明に来たのである。語部についても、奈良朝時代以後は、どうなったのかよく分からない。鎌倉や室町時代の頃には、もうまったく分からなくなっている。

ところで、地方の歌は献上されなくなっても、語部は出て来ている。それは、悠紀・主基二カ所からだけの風俗歌によるものである。この各地方の歌の中で一種特別なものが、東歌で、東の風俗を歌ったものである。

不思議なことに、この東歌や舞は、大嘗祭には参加していない。これは、東の国は大

嘗祭が固定した後に、天皇様の領地になったからである。

東の地方がまだ日本国と考えられていないうちに、大嘗祭は日本の生活文化として、固定していたのだ。しかし、吉野の国栖《くにす》や薩摩の隼人などが歌を献上するのに、東だけがしないというのは、東が新しく領土となったという証拠である。だから、平安朝になってから、何かの機会にやっと宮中に献上されるようになったのである。しかも、これより先に、万葉集にはすでに東歌が採用されている。もちろん古今集にもある。そして東遊び（寿楽）も宮中に這入っている。これは、何かの儀式の時に、東歌や東遊びが宮中で行われだしたのに違いない。

東歌がどんな時に宮中に這入ったのか、おおよその見当はつく。

これは、東のいろいろな地方から奉納の品物が届いた時に、宮廷で行われたのだろう。すなわち、東の地方から稲の魂を持って行って、服従を誓った時の歌が、東歌なのである。これは、大嘗祭が行なわれる時期と、東の地方から奉納品を奉る時期が合っていたからであろう。

平安朝に入ってからの風俗と言えば、主に悠紀・主基の二カ所のものと考えられているが、それは、この二地方が注目されやすく、かつ繰り返されることが多かったためである。だが、東遊びの中の風俗歌が、主として残っていることからしても、風俗というのは何も悠紀・主基地方のものと限っていたわけではない。むしろ、風俗歌は、東の地方が主だと信じられていたと思われる。

悠紀・主基の地方では、稲穂を奉納するためにさまざまな行事が行われる。稲穂は、神様と同じように取り扱われている。その役割りは男女ともに決められている。女の方はだいたい郡部の長の娘が造酒子《サカツコ》になる。造酒子は地位の高い巫女になる。男の方は、稲の世話役と定められている。これで、酒と米の役目を果たす人ができた訳である。

――昔の考えでは、酒と米とのはっきりした区別はなかった――

造酒子《サカツコ》の下には、酒波《サカナミ》が一人、篩粉《コフルヒ》が一人、共造《アヒツクリ》が二人、多明酒波《タメツ》が一人いるが、これらは皆酒に関する巫女である。男の方は、稲の世話役の他に、灰焼一人、採薪四人が決められる。なお、歌女二十人、その他いろ〳〵な役割りが決められる。しかも、造酒子《サカツコ》は、酒造りの仕事のみかと思えばそうではない。山へ行って薪や御用の木を伐る時には一番先に斧を入れたり、野原で御用の茅を刈ったりもした。

これらの人は、時期が来ると稲を運んで都へ上り、土地を選んで稲の保管場所を作る。後にはたいてい北野に作られた。そして、大嘗祭の前に、稲を大嘗宮の方へ運び込んだ。つまり、これらの人は、稲の魂を守って都へ上り、そこで酒も造り、御飯も焚いて、その魂を天皇様の御身体に入れるという、信仰的な行事を行った。

稲の魂は、神の概念が生ずる前の考え方であり、外来魂の考えである。この魂を身に付けると、健康になり、農業に関するすべての力を得ることにもなる。

大嘗祭に稲穂を入れる時には、警蹕《けいひつ》の声をかける。警蹕は、神または天皇様の時でないとかけない。そして、警蹕のかけ方で、何処の誰ということが分かったくらいである。

警蹕の意味は「尊い神が来た。悪い者よそこをどけ」ということである。これからしても、稲穂が大切な尊いものであったことが分かる。この稲魂のことを〝うかのみた召食《メシアガリ》ものということで、酒に近い言葉である。〝うけ〟で、〝うか〟は〝うけ〟という。〝うか〟は〝うけ〟で、召食ものということで、酒に近い言葉である。

悠紀・主基地方は、いつ頃から定められたか分からないが、近代では、亀卜で定められる。昔は、何か違った方法があったのであろう。延喜式では、御幣について上る地方名をもって、定めたようだ。これを国郡卜定と言っている。だが、悠紀・主基の地方というのは、たいてい朝廷から近い地方であった。そして、東側は悠紀・西側は主基とされ、御殿もやはり同じようにこしらえる。つまり、朝廷を中心として、その進路の前後を示したのであろう。或いは、〝往き・過ぎ〟の意味かも知れない。

ともかく、悠紀は大和の東南、主基は西北に当っている。この二地方が定まる前は、新嘗屋がたくさん造られ、天皇様はそれらを一つずつ廻って御覧になったと思う。

悠紀殿・主基殿は、同じ囲いの中にあって、両殿の境界は目隠し程度だけである。後世では、蔀《しとみ》を立てて作られた。蔀を立てると言っても、椎の青い葉を立てたもので、昔の青柴垣の形である。

南北に御門のある御殿は、黒木を用いる。黒木というのは、皮のついたままの木というのではなくて、皮をはいで火に焼いて黒くなった木のことである。こうすると木が強くなるのである。

昔は京都近くの八瀬の里から、宮殿用の材木が奉納された。これを八瀬の黒木と呼んだ。後世では売り物として市中にも出た。この黒木を出すのが八瀬の人々の職業であった。

とにかく、これは、神秘な山人の奉納する木で、この黒木で造った御殿の周囲に、青柴垣を作ったのである。こうして、尊いお方の御殿を作るのに、青柴垣をもって目隠ししたことは、垂仁記の〝ほむちわけの命〟の話に出ている。

――故、出雲に到りまして、大神を拝み訖《ヲ》へて、還りのぼります時に、肥河の中に黒樔橋《クロキノスバシ》を作り、仮宮を仕へ奉りて、坐《マ》さしめき。ここに、出雲国造の祖、名は岐比佐都美《キヒサツミ》、青葉ノ山を餝《カザ》りて、其河下に立てて、大御食献らんとする時に、其子詔りたまひつらく、此川下に、青葉の山なせる は、山と見えて、山にあらず。若《ケタシ》、出雲の石《イハクマ》［＃「石＋回」］〈巻末参照〉の曾宮《ソノミヤ》に坐す、葦原色許男《アシハラシコヲ》大神を以て斎《イツ》く祝《ハフリ》が、大庭か、と問ひ賜ひき。ここに、御伴につかはさえたる王等、聞き歓び、見喜びて、御子をば、檳榔《アヂマサ》の長穂の宮に坐《マ》せまつりて、駅使を貢上りき――

この話は、〝ほむちわけの命〟をして、青葉の山を作って、国造の岐比佐都美がお迎えしようとしたのである。ということは、青葉の山は、尊い方をお迎えする時の御殿に当るもので、恐らく大嘗祭の青葉の垣と関係のあるものであろう。

大嘗祭の垣に、椎の若葉を立てるのも、神迎えの様式なのであろう。尊い天つ神にも、天皇様にも、このようにするのである。

この青葉の垣は、北野の斎場では、標《シルシ》の山として立てられる。これは平安朝時代には〝へうのやま〟と発音されているが、それは誤って音読したからである。本来は〝しめのやま〟で、神のしめる標《シルシ》の山ということである。

神様をこの標の山に乗せて、北野から引いてきて、悠紀・主基の御宮に安置する。標の山は神の目じるしである。後世にはこの標の山は、一体どうなってしまったのか分からない。

しかし、この標の山の形のものは、近世まで祭りの時に引き出す、屋台とか山車《ダシ》とか、お船とかいうようなものに、その名残りを見ることができる。松本の青山様は、このような様式によるものであろう。

先に述べた垂仁記のものは、古い形のものであろう。この標の山の形が、尊い神や人を迎える時、常に作られたので、大嘗祭にも注目されたのである。

後世の祭りとしては、「標の山」が一番用いられていたのは、夏祭りの見本のような祇園の祭りである。祇園祭りというのは、本当は、田植えの〝さなぶり〟の祭りで、田の神に振舞いをする祭りであって、本来は農村の祭りであった。それがだん〳〵と農村から出て、道教の考えが取り入れられ、怨霊の祟りの考えが強くなって、五个処に御霊様を祀って、御霊会を行い、神を慰め、悪事をやめてもらったのである。

このような経過で、後世では悪いことを防ぐ神と信じられてきた上に、仏教も採り入れて、牛頭天王様であると考えるようになったのである。そして、その牛頭天王の子孫が、〝すさのおの命〟だというようになった。〝すさのおの命〟は農業の神なので、一緒にされがちなのだ。

祇園祭の時にも「山」を出し、その山を中心に祭りを行っている。こんな風に、後世の夏祭りには、鉾や山が引き廻されるようになったのである。

十一、天皇様の禊ぎについて

大嘗祭の用意として、十一月は全体的に飲食行為を慎み、身体を浄め、不浄を避ける月である。これを散斎と言っている。その中でも大嘗祭の前二日と当日とは致斎と呼んでいる。

散斎は比較的自由な物忌みということで、汚れたことや神事上の大事な問題にはならない程度のことである。致斎の方は、昔は絶対的な物忌みであったようだが、令の規定以来、少し軽くなって、十月末日と定められ、京都の加茂川の某所で御禊をなされた。

こうした御禊は、伊勢の斎宮や加茂の斎院を決める時にも、あらかじめなされる。天皇様や斎宮・斎院の御禊は、同じ格式で行われる。平安朝時代には音読して〝ごけい〟と言っているが、本来〝みそぎ〟と言っている。

①　みそぎとはらえ

ここで少し〝みそぎ（禊ぎ）〟と〝はらえ（祓え）〟との違いを話すことにする。

〝はらえ〟というのは、汚れたことまたは慎むべきことを冒した場合、または向こうから汚れや慎むべきことがやって来て、こちらがそれに触れた時、それをあがなうために、自分の持っているものを提供して、その汚れをはらうことである。神は、このあがない物を受けて、その汚れを清めてくれるのである。

元来、祓えは、神事に従事する人がそうしてくれるから、他動的になるものである。自分からするのは〝はらひ（い）〟であるが、〝はらへ（え）〟は他動的なものであると昔から言われている。

次の、〝みそぎ〟は、神事に従事するための用意として、あらかじめ身心を浄めておくことである。家でも神の来る時には浄める。いわば、〝みそぎ〟は、家でも身体でも神に接するための資格を得る方法である。

後世の神道家は、吉事祓え・悪事祓えと対照的にいうが、本来吉事に祓えはないはずである。吉事を待つためや迎えるための行事は禊ぎである。それに対して祓えは、悪事を前提として行なわれるものである。祓えは、いわば後世の刑罰に当るものである。

宮廷で大祓えと言っているのは、実は禊ぎであって、平安朝の初期から間違っている。

② 罪

ここでまず罪ということについて考えてみる。大祓えのうちに祓うべき罪・汚れ、即ち神に対して慎むべきことを罪という。その中で「天つ罪」というのは、天上の罪ということで、普通には〝すさのおの尊〟が、天上で冒した罪のことをいう。それからこの国で慎まねばならない罪を「国つ罪」というのである。

国つ罪の中には、慎しまなければならないことのあるのは勿論だが、そうではなく、何でもないようなことがある。例えば、這う虫の禍罪《ワザハイ》である〝たかつどりの禍〟というのがある。これは、鳥や蛇が家に這入って来たのは、この家が神の家になったという標《シルシ》なので、慎まねばならないという意味である。

奈良朝の頃でも、この禊ぎと祓えとは混用し、両方とも慎みと考えている。祓えは、贖罪《しょくざい》として祭りの費用を出す行事であり、禊ぎはよい事を待ち迎えるために、あらかじめ家や身心を清浄に、美しくする行事である。

日本古来の信仰からいうと、一度呪《まじな》いの言葉を唱えると、何でも新しくなる。それで、新嘗祭の新室も、一言呪《まじな》いごとを唱えることによって新室になると信じきっていた。そのことが、大嘗祭にも行われ、また米を食べる神今食の時にも行われるのである。それを宮廷では大殿祭という。これは家を浄めることであり、祭りの行われる前日の夜明けに、仮装した神人が、宮廷を浄めて廻ることである。そして、その後に祭りが行われる。

この清浄になった家、すなわち大殿へ神様がお出になると、天皇様はここで御一緒に御飯をお召し上りになる。神様の来られるすべてのお祭りは、神様に振舞うことが、行事の中心になっているのである。

③ 清め

大殿祭は、大嘗祭の時にもあるのだが、これは悠紀殿や主基殿ができるとすぐに、早く行われるので隠れて見えないのである。この大殿祭の間、天皇様は御身を浄めるために、湯殿に御這入りになっている。つまり、天皇様は、禊ぎをしておられる訳である。

神の祭りの時に、一番初めに出てくる人は、御馳走をうけられる神ではなく、御殿を浄めるための神人である。この浄めのために来る人々を、平安朝時代には山人だとされている。山人とは、山の神に仕える神人のことである。

もともとは山の神が自ら来て、御殿を清めてくれたと考えられている。この清浄された御殿へ客人神《マレビトカミ》が来て、天皇様と御一緒に御飯を召し上るのである。この御殿を清める時の言葉を、延喜式によれば大殿祭祝詞と言っている。

〝ほかひ〟というのは、祝福する言葉や動作などをいうのである。この言葉を祝詞と言ったのは、平安朝時代のことで、本来は鎮詞《イハヒゴト》または鎮護詞《イハヒゴト》などというべき言葉である。その言葉の性質から見ても、仲間の親分が子分に申し聞かせたり、相談するような言い方である。「こうだから、お互いにこうしようぞ」という意味が主要な部分で、上から下への〝のる〟ではない。

こうして見ると、山の神は、その土地の精霊の代理者で、同じ仲間の精霊の代理者が、他の精霊たちを鎮まらせるのである。

さて、この〝いわいごと〟が終った後で、本式な祭りが行われるのである。

大嘗祭の時には、大殿祭はすでに終っているので、卯の日には、その行事はないが、お湯に入ることは行われる。本来はこの湯に這入っている間に、一方では御殿の〝ほかひ〟が行われているのである。

大嘗宮は、紫宸殿の前である南側に建てられている。東側には廻立殿《かいりゅうでん》が作られる。そして、紫宸殿から廻立殿へ出るのは、廊下を渡って行かれる。

廻立殿というのは、悠紀・主基両殿へお出になる御用意のために作られた御殿で、いわば祭事のためにお籠りになる御殿である。この御殿が何故に廻立殿と呼ばれるのかは、分からない。そして、この廻立殿の御儀式は、外部からは一切分からないものとされている。

廻立殿は、東西五間（約九・一メートル）、南北三間（約五・四六メートル）の御殿である。西側三間を天皇様のおられる場所とし、東側二間は、竹の簀子にしてある。ここが茶の湯の場所となっているが、なにか忌斎の場所らしい。

天皇様は、大嘗祭の卯の日の儀式にも、たび／＼この廻立殿に御出になられて、御湯をお使いなされる。次にはお湯について話す。

十二、廻立殿《かいりゅうでん》のお湯

湯は斎《ユ》に通ずる発音で、古くから湯と言っていたのだが、はたして、今の我々がいうところの温いものであったかどうかはちょっと疑問である。

斎川水《ユカハミヅ》という言葉があるが、これは天皇様の御身体を浄める水のことで、用水でも池の水でも泉の水でも、何でもそういうのである。だから、斎川というのは、御禊に使う水ということである。この斎川水が段々と変化して、ついには湯にまでなったとするべきである。

日本の古い信仰では、初春には遠い所から我国に、温かい水が湧き出てくると信じていた。事実、日本には温泉が多い。

こんなことからして、〝いづる湯〟についても、神秘な考え方をしていた。温泉は、常世の国から、地下を通って来る温い水で、禊ぎには理想的な水なので、斎川水《ユカハミヅ》として尊重されたのである。いずれにしても斎川水とは温い水と信じていた。

このような信仰から、禊ぎには温い水を使うようになった。だから古い書物に湯とあっても、それが、今日我々が考えているような温湯であると、すぐに決めつけることはできない。

藤原の宮から奈良・飛鳥の宮時代にかけては、天皇様は時々湯に行かれたり、温泉を求められたりしたことが、記・紀や万葉集などに多く記されている。この温泉の場所へと旅行されるのは、今日の我々のように遊山や避暑で行くのではなく、御禊の信仰によると考えねばならない。

とにかく、これまでに話したような信仰から、宮廷の斎川水の考えは、温い水・湯となったので、直に〝ゆ〟ということになった。この湯に這入られると、尊い方となられるのである。

日本にある天の羽衣伝説は、この禊ぎと深い関係のある話である。天上から降りてきた処女が、天の羽衣を脱いで湯に這入ったら、人間になってしまった。また、天の羽衣を奪うと人間になるという筋の話はたくさんあるが、この天女の羽衣の話の始まりは、丹波の天の真名井《マナイ》の、七人の天つ処女の伝説からである。

天の真名井の話によると、七人の天女の中で、羽衣を奪われた一人の娘が、後に伊勢の外宮の豊受大神になられたとある。この七人の天つ処女の縁故で、丹波からは八処女が宮廷へも、伊勢へも出て行き、禊ぎの行事に奉仕するとなっている。

不思議なことに、禊ぎ行事に奉仕する処女が、尊い方の后となられる習慣のあることである。ということは、或る時期において、丹波氏の娘が、宮廷に仕えて后となっているのである。そうでなくても、丹波氏の娘の形式によって、后となっているのである。

先に話した、天の羽衣を脱いだから人間になってしまったというのは誤りで、脱げば物忌みから解放されたのだから、神人とならねばならないはずだ。御禊をされた尊い方は神であり、羽衣をぬがれた処女は、或る任務を果たすための巫女である。巫女は神に仕える最高位の女である。

ここで話をずっと後世に引き下げてみる。

汚い話のようだが、今より二百年前までは、御湯へ這入る時に、湯具としての褌を締めたまま這入った。だから、湯に行く時は褌を二筋持って行った。一筋は締めており、もう一筋は這入る時に締め換えて這入るための用意である。何のために締め換えて這入るのか。これは、陰所を見せては恥づかしいという考え方では決してない。

もともと褌である下紐は、物忌みのためのものである。民間では、男が褌をするのは、一人前の男になったしるしだと言われている。十五歳になると、褌を締めて若衆宿へ仲間入りの挨拶に行く。この行事のことを袴着《はかまぎ》と言っている。これが女の方だと裳着《もすそ》という。正式には、男女ともに二回あるはずだ。

第一回は、村の子どもとなるためで、五、六歳頃にやる。平安朝頃の貴族たちの間でも、しっかり行われた。源氏物語などにも書いてある。

二回目は、〝おとこ・おとめ〟になるための行事としてである。我々は、二度の行事をすませないと、一人前の男女にはなれなかったのである。今日では略して一回だけしか行わないが、本当は二回あった。

一回目の時にはお宮参りをして、村の小さな神社に仕える資格を得る。子どもが道祖神のお祭りをするのは、どこにでもある。二回目がすむと、村の産土《うぶすな》の神に仕える資格を得る。

この二度の袴着を終えた者を、〝おとこ・おとめ〟という。〝ふんどしはじめ・ゆもじはじめ〟がすむと、立派な一人前の男女になる。だから、一人前の男女になってから初めて褌を締める、〝ゆもじ〟をするというのではない。男女になる二回の前提行事をして、はじめてこのことが行われるのである。

この物忌みの褌を締めている間は、極端な禁欲生活をしなければならない。禁欲と言っても、今日の我々が考えるような、鍛錬のような生活ではない。神秘的な霊力によって発散させないための禁欲である。

ところが、或る期間禁欲生活をすると、解放の時がくる。すると、極めて自由になる。ここで初めて性の解放がある。そうして、この紐を解いて物忌みから解放されるのが湯の中である。ということは斎川水《ユカハミヅ》の中である。

天皇様の場合は、この湯の中の行事の御用をつとめるのが処女である。天の羽衣をぬがせてやるのが処女の役目である。そして羽衣を取り去ってやると、本当の霊力を身に付けた尊いお方になる。解放されて初めて神格が生じるのである。

昔から、湯の信仰についてはあまり考えられていなかったが、今考えてみると、不思議なことが多い。例えば、御湯殿腹などいう子どももいる。そして、お湯殿腹の子と言って重んぜられたようである。そうかと思うと、垢掻き女に子どもができるのは当然だとも言われている。これらのことは、日本の昔の産湯の話をしてみると分ってくる。

昔は、今の世の乳母の役をする者が四人いた。それらは大湯坐《オホユエ》・若湯坐《ワカユエ》・飯嚼《イイガミ》・乳母である。この大湯坐は、主として産児に産湯をつかわせる役目をする者、つまり湯の中へ御子をお据えする役目なのである。若湯坐も同様である。乳母は乳をのませる者、飯がみは、飯や食物をかんで口うつしに食べさせる者である。

まず御子が産まれると、その御子を豪族に預けて養育させる。昔の言葉では、その家筋を壬生氏と言った。壬生氏は、壬生部という団体の宰領である。

この話で名高いのは、反正天皇がお産れになった時、天皇のために河内の丹比氏が、壬生部となって御育て申し上げた。それで、丹比の壬生部氏というのである。

御子が生まれると、この氏の者の中から四人の養育係が選定される。大湯坐や若湯坐は、身分の高い家柄から出ることになっていた。

大湯坐は、水の神として禊ぎの世話をする役目。御子がお産れになった時に行われるのが、第一回の禊ぎである。

この禊ぎをさせている一方では、氏の長は天つ寿詞を申している。

――水の魂をして、天皇様となるべき尊いお方にお付け申す。水中の女神が出てきて、お子様のお身体に水の魂をお付けしてお育て申す――。

このような儀式をするので、壬生部のことを入部《ニフベ》とも書いている。

「入」は水に潜ることであって、水中に這入ることである。それから大湯坐が主で、若湯坐は附き添い的な役である。

この第一回の禊ぎの形を、天皇様は毎年初春におやりになる。生れ替って復活するという信仰である。

大湯坐は年増の女で、若湯坐は若い者がつとめる。過去の事実によると、大湯坐は天皇様の后となるし、若湯坐は皇子の后となる傾向が見られる。

飛鳥時代以前の后は、天皇様の御家の禊ぎの行事に奉仕した女がなった。丹比氏は、本来禊ぎの行事を司った家筋で、宮廷や伊勢のお宮へ八処女を奉っている。この八処女は、五節の舞姫に関係があるが、そのことは後に話すことにする。

十三、天つ罪と国つ罪

日本の古い言葉に、天つ罪・国つ罪という並立した言葉があることは、前に述べた。その天つ罪とは、〝すさのおの命〟が、天上で犯した罪で、その罪が我国にも伝っているが、すべて農業に関する罪とされている。つまり、田の作物に害がおよぼされることを天つ罪、すなわち天罪とされている。だが今では、罪が新しい意味の罪悪観念に捕われすぎているようである。〝天つつみ〟の〝つみ〟の語原は、他になくてはならないのだが、万葉集では、雨障・霖禁・霖忌など書いて、〝あまつつみ〟と読ませている。

――〝あまつつみ〟常する君は　久方の　きのふの雨に　こりにけんかも（巻四）――

この歌は、いつも雨つつみをしているあなたは、昨日の雨で外出できずに、懲りたことでしょう、という意味だとされているが、本当は男女が禁欲生活をしている時の罪のことである。

なお、このことを考えるに、手がかりとなるのは景行天皇の日記にある次のような話である。

景行天皇が、美濃の国造の祖神である大根王の娘姉妹を、皇子大碓命を通じて召し上げさせたところ、大碓命は、娘二人を自分のものとしてしまい、他の娘を奉った。

そこで天皇様はお怒りになって、次のように言った。

「つねに、長眼《ナガメ》を経《ヘ》しめ、また婚《メ》しもせず、惚《モノオモ》はしめたまひき」

普通には、この〝ながめ〟の〝め〟は男女が合う機会のことをいうので、その合う間が長くなることを、長目を経るというのだとしている。しかし、この〝ながめ〟は、霖禁に関係がありそうだ。

さて、この〝ながめ・ながむ〟という意味のことだが、平安朝時代になると、「ぼんやりして何も思わず」というくらいな意味になっている。

もう一つ伊勢物語の例を挙げてみる。

——起きもせず、寝もせで夜をあかしては、春のものとて、ながめくらしつ——

この〝ながめ〟は長雨のことで、長雨のふり続く頃の物忌みから出た言葉であろうと思われる。こうして考えてみると、天つ罪は天上の罪ではなく、本当は、五月の田植え時の慎み、すなわち〝雨つつみ（雨障・霖禁）〟のことである。

今でも所によっては、田植え時に夫婦共寝をしない地方がある。田植えの頃は、一年中で一番長雨の降り続く時期であり、この間、村の男女はすっかり神事関係になって、男は神、女は巫女となるのである。

四月頃、女は山に籠って成女戒を受け、つつじの花を持って山を下り、今年の早乙女《さおとめ》をつとめる。これは、田植えの神事にかかわる巫女の資格で、田植えの終るまで処女の生活をする。ここで考えなければならないことは、処女生活ということであるが、これには三通りあった。

一つは本当の処女。これはまだ男と関係を持ったことのない女。次の二番目は、或る期間のみ男に逢わぬ女、すなわち或る期間だけの処女生活をする女。三番目は床退《サ》りをした女。すなわち、女は或る年齢に達すると、夫から離れて処女生活に入る信仰があったが、そのような女のことである。この床退りの女は、その後は神に仕えるのである。後世のお室様というのは、このような女のことである。平安朝時代には、床退りした女は尼となって仏事に入り、処女生活をしたのである。

ところで女は、五月の田植えが済むまでは男を近づけないし、男の方でも女に触れない。この男女ともに袴や裳にしるしをつけて会うことをしない間のことを〝ながめをふる〟というのである。一軒の家に同居していても会わない。

前の景行天皇の話にあった、「姫をして、長眼を経しめたまふ」というのは、姫にお顔を見せながら、霖雨中放って置いて、性欲的なことに耐えたということである。そのことから、〝ながめ〟という言葉になり、性欲的に気が晴れない様子からして、ぼんやりしていることを表す語になったのである。

平安朝になってからの〝ながめ〟は、美しい意味になってしまったが、本来は、性欲的に気が晴れない状態を言い表す言葉である。

五月の物忌みが〝雨つつみ〟であるが、これが天つ罪となるには、田の神である〝すさのおの命〟が犯した罪を、一カ所にまとめてしまったということなのだ。

〝すさのおの命〟は、仏教では牛頭天王にされ、悪い方の田の神になっている。その悪い方の田の神を祀って、いたづらをしないで、守ってもらうように願うことから起った信仰である。悪い神も祀られると、よいことをするという考え方である。

この〝すさのおの命〟に対する慎みが、天つ罪であるが、それがちょうど雨期の慎みと同じ時に当っているのである。

神は一般的には夜出現するが、田植え時には昼間も出てくるので、夏祭り神事の中心は、昼間行なわれる。昼間に田植えをしていると、神が来て田を囃してくれる。後世では田植えの前後にのみ囃しをするが、本来は植えている最中に、囃すのである。後には囃す田も固定して〝はやし田〟という名もできている。また、田植えの初めに囃して後ではやらないようになった所もある。

この囃しに来る神は仮装して出て来る。この仮装がやがて田舞いになる。そして、田舞いが猿楽と合体して田楽ができる。

男女ともに顔を隠して神の姿になっており、五月の田植え時は、昼は勿論、夜も神が歩いて廻っているので、男女が会うことはできない。しかし、〝さなぶり〟の時からは自由になって、男女の語いは許される。

ここで、不思議な誤解が一つあることを話しておく。それは、神事が始まれば物忌みはない訳だが、それがあることである。

『播磨風土記』には、田植え女を大勢でかまって、隠し所を断ち切ったという話がある。だから、〝雨つつみ〟というのは、田植え前の物忌みであることが分かる。それが、いつの頃からか田植えが済むまで続くものだと考えられるようになってきたのである。これは、男の資格を得るための褌が、いつの間にか褌をするのが男の資格だと考えられるようになってきたのと同じようなことである。

〝ふんどし〟は、〝ふもだし・ほだし・しりがひ・おもがひ・とりがひ〟などと同じものであり、〝たぶさき・たぶさく〟などという言葉も同じである。〝たぶさく〟とは、〝またふさぐ〟ということで、着物の後の方の裾を股をくぐらして前の方に引き上げて、猿股のようにすることで、子どもの遊戯にも、今日では「廿五日の尻たくり」、と言ってこのような形をする遊びがある。

本来は、人間の〝ふんどし〟も、馬の〝ふもだし〟も同じ役目のもので、霊力を発散させないように制御しておくものである。そして、物忌みの期間が済むと、取り払うものである。

実際に朝廷の行事の中にも、物忌みの後、湯殿の中で天の羽衣を取り外して、神格を得て自由になれば、性欲も解放され、女に触れても穢れではないようになる。

先にも話したが、大湯坐・若湯坐などが御子を育てている間に、湯の中で若い御子の着物をぬかせて、裸の御子にまず触れられるのは、若湯坐である。大湯坐は、前にも話したように、御子の父君である天皇に仕えるのである。

この〝みづのをひも〟を解くと同時に、本当の神格になる。そして、最初に媾《あ》うのがこの紐をといた女である。そして、その人が后になるのである。しかし、このようなことは、奈良時代には忘れられてしまい、この行事以後に御子を育てる乳母の役になった。そうして、若い乳母、すなわち子守りである人が、お育てした方の妻となるのである。

その証拠となるのは、〝うがやふきあへずの尊〟が、御叔母である玉依姫と御夫婦になられたとあることからも分かる。本来、〝めのと〟という言葉は、妻の弟ということで、乳母の弟が、保育の役をするつまになったことを意味しているのである。

不思議なことに、后になられる御方は、水の神の娘、または水の神に関係の深い女である。あの丹波氏の家筋も、水の神に深い関わりがあった。後世になってからは、丹波氏に代わって藤原氏が禊ぎを司ることになり、藤原氏から后が出ることになった。

全体的に御湯殿は、平常でも、非常に重じられていた。

『御湯殿の上の日記』は、平安朝時代に、女によって書かれたものであるが、断片的ではあるが参考になる。これによっても湯棚・湯桁は、神秘的な行事が行われた所であったことが、察せられるのである。すなわち、湯棚には天皇様の瑞緒紐《ミヅヲヒモ》を解く女がいて、天皇様の天の羽衣である〝ふもだし〟を解くのである。

話を元へ戻してみると、大嘗祭の初めに天皇様が湯にお這入りになるのは、紫宸殿の近くで行われると思うが、正式には廻立殿で行われたのである。平安朝時代にはすでに行われなくなってしまったようだが、大古には必ず行われていたのである。

この問題は、天の羽衣説と関係がある。天人の話の天の羽衣と同じで、飛行の衣とする話とは、逆に考えられてしまったからである。

天皇様の天の羽衣をぬがせるのが、八処女のすべき勤めである。今では、廻立殿から大嘗宮へ行く道に敷かれている布のことを、天の羽衣と言っているが、それは何かの間違いである。それは、羽衣ではなくて、葉薦《ハゴモ》というのであろう。このことは延喜式にも、記されている。

葉薦は、天皇様がお通りになる時に敷き、通り過ぎるとすぐに後から巻き取って行くものである。それを今では、新しく道を作ったと言っている。ちょっと合理的で本当らしいが、やはり誤りである。

天皇様はこうして悠紀殿や主基殿へ行かれるが、その間に、時々お湯にお這入りになられる。

とにかく、日本の后の出る根本は、水の神の女で、御子を神秘な者にすることを司る家柄から出ているのである。

十四、直会について

直会《ナホラヒ》は、直り合うことだと言われているが、字は当て字で、当てにはなるまい。もとの〝なほる〟という言葉は、直日の神の「直」と関係のあることばで、間違いのあった時に、直し改めて正してくれる神が、直日の神なのである。そのことは延喜式にある天皇様が、食事をされる時に仕える最姫や次姫のことから考えてみねばならない。

天皇様が食事をする時に、この最姫や次姫は、「とがありともなほびたまへ……」という呪《まじな》いの言葉を唱える。これは、たとえ手落ちがあったとしても、天皇様の召し上り物には間違いのないように、という意味の〝となえ〟ごとである。

一般的には、座をかえて詩歌を作ったりする時を、〝なほる〟と言っている。これは、もしかすると、二度食事をすることから出た解釈かもしれない。

大嘗祭の行事においても、一度食事をしてから座を変えて、もう一度自由な形でお召し上りになる。これが直らいの式なのである。つまり、ゆったりと寛いだ式である。そして、その席上へ出る神も直日の神と言われている。

平安朝時代になってからは、直日の神というのは、宴会の神や遊芸の神になっているのも、こうした考えからきているのである。

大嘗祭の直会の時には、大和舞いが行われ、田舞いや舞姫の舞いなども行われる。そして、すべての人が今までの厳重な物忌みから解放される。

直会《ナホラヒ》は簡単に言えば、精進落ちとも言える。だが、精進とは仏教的考えで、魚を食べないことを指していうが、本来は禁欲生活や物忌み生活のことを言った言葉である。

昔は、正式な祭りがすんでも、さらに神が残っていた。そして、祭りの後で豊かな気分で宴席にいて、くだけたもてなしを受けて帰られたのである。

肆宴《トヨノアカリ》（豊明楽）というのは、このような行事をいうのである。〝とよのあかり〟とは、酒を飲んで真赤な顔になるからだというが、本当はよく分からない。とにかく、〝とよのあかり〟のうちに、神を満足させて帰すというのが本当の意味なのであろう。大嘗祭に来られる神は、どんなお方かもよく分からない。

天皇様は、神を招く主人であると同時に、もてなしの酒宴をなされる神である。つまり、客であり、神主でもあるので、神のための行事を行う人であると同時に、神そのものでもある。だから、本質的なことは分らない。結局、一人で二役勤めるようなものである。

各家における新嘗祭の時には、主人よりも格式の高い人を招いて客になってもらう。これは古い時代に尊い神が来られた形を取っているのである。

五節の舞い

五節《イツヨ》というのは、五節《イツヨ》の舞いを舞ったから言われるようになったのではあるまいか。五節の舞いは、天皇様の寿命を祝福する舞いで、天皇様の禊ぎの時に、竹で身の丈を計って、身の長さのところへ標《シルシ》をつける。これを説折《ヨオリ》という。折《オリ》は繰り返すということで、竹で幾度も〳〵繰り返して計る。こうすることは、天皇様の魂と関係がある。

平安朝頃までの信仰によると、天皇様の魂には、荒世の魂と和世の魂の二つあった。それで、天皇様の身の丈を竹で計るにも、二度計ったのである。

竹で計って着物を拵《こしら》えて、その着物を節折《ヨオリ》の式に参加した人たちに分配された。これが〝あらよの御衣《ミソ》〟とか〝にぎよの御衣《ミソ》〟と言われるものである。

このように考えると、五節の舞いの時、実は天皇様の身の丈を五度繰り返して計ったのではないだろうか。そうして、その行事に出る女が、五節の舞姫と言われたのだと思われる。その五節に出る女は、天皇様の食事のことにたずさわった。すると、供饌に仕えた女が衣を進め、節折もし、舞いも舞ったのである。舞いを舞うというのは、〝みたまふり（鎮魂）〟の意味のもので、他の意味ではなかったと思う。

古代においては神服女《カムハトリメ》の舞いということもあった。これは、着物を取り扱う女の舞いということで、後世の五節の舞いと同じである。だから五節舞も神服女舞も同じで、正式には八人で舞ったのだろうと思う。

神の八処女のことは前にも話したが、五節の舞姫が仕える所を、五節の帳台という。そして、五節の帳台の試みということが行われる。これは、天皇様が、舞姫を自分のものとする行事である。平安朝時代のものによると、舞姫が、何とかかんとかと言って、言い騒がれているのも、この帳台の試みのことから考えないと分からない。

五節の舞いが済むと、その後に悠紀・主基両殿の式の名残りとして、国風《クニフリ》の奏歌が行なわれる。各地方の長が、歌人や歌姫を引き連れてきてやるのである。そして、その後に、忌みを落す舞いがある。これを解斎舞という。

これがすむと、この祭りに参加したすべての人や神が散らばることになる。その時も参加した人たちは、お酒や御飯を頂く。それから各人は忌服をぬいで散会する。散会の時は、男も女も乱舞して、躍り狂うて帰る。

そもそも宴会には二度の食事がついている。最後の食事の時に、主人側から舞姫が出て踊り、客人側からはいろ〳〵な芸が出る。これは主人に答える形である。

〝うたげ〟は、打ち上げということで、盛んに手を叩いて賑《にぎ》やかにやることである。こうした乱舞（どんちゃん騒ぎ）の時に、〝巡りの舞い〟と言って、上座の客から次第に下位に廻って行って踊るのである。

この中で一つ面白いことは、家の精霊が出て来て舞う形式のものがある。それは滑稽な格好をして行われる。これは、今でも地方の神社の祭りの時、滑稽な踊りをするが、これはみな精霊の舞いからきているのである。今の民間の宴会は、神事の直会《ナホラヒ》後の形をとってやっているのである。

ここでちょっと付け加えておくと、天皇様をもてなす役は、平安時代から藤原氏がやっていた。藤原氏の家は、宴会に使用する道具を大事に保管している。朱器や台盤は、藤原氏の家長が、大切に保存して伝えている。

これは、藤原氏が朝廷に仕え、祭りの時は、神をもてなす役をしていたからである。客人《マレビト》をもてなすには道具が大切である。その道具を預っているのが藤原氏であった。

今日でも民間に、椀貸伝説はいくらも残っている。

私は、直会と宴会とは同じものだとは思っていない。宴会の方は客人側が主人にかわって大いに騒いだものと考えている。大嘗祭における客人の式も三段に考えられる。

一、供饌の式

二、直会の式

三、宴会《ウタゲ》の式

このようになると思うが、この間に客が主人になり、主人が客になったりと、主客の区別のつかないような場合が多い。それは、これまでの長い間に、それぞれの時代に祭りが合理化され、それにいろいろな説明が加えられて、今日のように変化してきたからである。

ともかくも、大嘗祭は、平安朝時代に固定して今日まで続いてきたもので、神代の時代のそっくりそのままのものとは考えられない。我々は、その変化の過程においてなくなったことを見てみたいものである。

以上、長々と話をしたが、ごく荒筋にすぎない。今年の十一月に行われる大嘗祭は、宮内省の方々も緊張して、できるだけ古い形に則ると言っているから、有り難い大嘗祭を拝めることと思う。

大分話が混み入って、味のない、雑然としたものになってしまった。しかし、私の考えはだいたい話したつもりである。

【文字データについて】

- 本書の「昭和三年講演筆記」部分の文字データは、W3C勧告XHTML1.1にそった形式で作成された青空文庫のファイルを基礎としたものである。
- 83頁の［#…］は、青空文庫ファイルの入力者による注を表す記号。このデータには、JIS X 0213にない、「石＋回」の文字が用いられている。
- 「くの字点」は「／＼」で表した。

現代語訳を終えて

私は、昭和四十三年から社会の後継者育成としての、青少年教育活動を始めた。そして、異年齢集団の体験活動を通じて、生活文化を伝承する野外文化教育の指導者養成講座に、民俗学者の宮本常一さんを講師に招いた。宮本さんは大変協力的で、何度も講師を引き受けてくれ、時に民俗学者の柳田国男さんや折口信夫さんについて話してくれた。

私は、昭和四十六年頃から「日本の民族的、文化的源流を求めて」をテーマに、中央アジアから東、特に東南部の稲作文化地帯諸民族の生活文化を踏査していたので、民俗学には関心があった。

平成三十一年五月には、新天皇を迎えるので、稲作文化としての〝大嘗祭〟に関心を持ち、昨年六月以来明治以後の四代、東西八カ所の斎田地を訪ねた。そして、『大嘗祭の起こりと神社信仰―大嘗祭の悠紀・主基斎田地を訪ねて―』の題名で一冊に書き上げ、本年一月末に、三和書籍の社長、髙橋考さんに出版を依頼した。

二月中旬、髙橋社長から突然に、私の著書を出版する上に必要な、昭和三年における折口信夫さんの講演録である「大嘗祭の本義」を、二月中に現代語に訳するように頼まれた。

折口信夫さんは、明治二十年に生まれ、昭和二十八年に死亡された、日本の草創期の民俗学者、国文学者、国語学者であり、しかも詩人、歌人でもあった学者で、民俗学的古代研究では有名であった。

折口信夫さんの「大嘗祭の本義」は、口語文で、しかも難解な漢字や専門用語が多く、読解に苦しんだ。私は、公益社団法人青少年交友協会の理事長でもあり、二月下旬から三月中旬は予算期で忙しく、心身ともに疲れるのだが、四月下旬予定の私の著書と同時発行したいとのことなので、僅か二週間余りで文語文に書き替えた。

大急ぎの現代語訳であったが、昨年以来、大嘗祭に関するいろいろな書物を読んでいたので、なんとか私なりの現代語に訳することができた。

今日、四月一日には、新元号が「れいわ・令和」と決まった。そして、一月後の五月一日には新天皇が即位され、十一月十四日の夜には三十年ぶりに大嘗祭が挙行される。そこで、本書と私の大嘗祭における斎田地探訪記を中心とする『大嘗祭の起こりと神社信仰』を合わせて読んでいただけると、日本にとって大変重要な、大嘗祭の意味と意義が、多少なりともお分かりいただけるのではないだろうか……。

森田　勇造

平成三十一年四月一日

【現代語訳者】 森田勇造（もりた　ゆうぞう）

昭和15年高知県宿毛市生まれ。

昭和39年以来、世界（142カ国）の諸民族の生活文化を踏査し続ける。同時に野外文化教育の研究と啓発、実践に努め、青少年の健全育成活動も続ける。元国立信州高遠少年自然の家所長。元国立大学法人東京学芸大学客員教授、現在、公益社団法人青少年交友協会理事長、野外文化研究所所長、野外文化教育学会顧問、博士（学術）、民族研究家、旅行作家、民族写真家。

〈主要著書〉

『これが世界の人間だ―何でもやってやろう―』（青春出版社）昭和43年、『未来の国オーストラリア』（講談社）昭和45年、『日本人の源流を求めて』（講談社）昭和48年、『遥かなるキリマンジャロ』（栄光出版社）昭和52年、『世界再発見の旅』（旺文社）昭和52年、『わが友、騎馬民』（学研）昭和53年、『日本人の源流』（冬樹社）昭和55年、『シルクロードに生きる』（学研）昭和57年、『「倭人」の源流を求めて』（講談社）昭和57年、『秘境ナガ高地探検記』（東京新聞社）昭和59年、『チンギス・ハンの末裔たち』（講談社）昭和61年、『アジア大踏査行』（日本文芸社）昭和62年、『天葬への旅』（原書房）平成3年、『ユーラシア二一世紀の旅』（角川書店）平成6年、『アジア稲作文化紀行』（雄山閣）平成13年、『地球を歩きながら考えた』（原書房）平成16年、『野外文化教育としての体験活動―野外文化人のすすめ―』（三和書籍）平成22年、『写真で見るアジアの少数民族』Ⅰ～Ⅴ（三和書籍）平成23年～24年、『逞しく生きよう』（原書房）平成25年、『ガンコ親父の教育論―折れない子どもの育て方―』（三和書籍）平成26年、『ビルマ・インパール前線　帰らざる者への追憶―ベトナムからミャンマー西北部への紀行―』（三和書籍）平成27年、『日本人が気づかない心のDNA－母系的社会の道徳心－』（三和書籍）平成29年、『私がなぜ旅行作家になったか』（幻冬舎）平成30年、『チンドウィン川紀行―インパール作戦の残像―』（三和書籍）平成30年。『大嘗祭の起こりと神社信仰―大嘗祭の悠紀・主基斎田地を訪ねて―』（三和書籍）平成31年。

大嘗祭の本義
民俗学からみた大嘗祭

2019年　4月　25日　第1版第1刷発行

訳　者　森　田　勇　造

©2019 Morita Yuuzou

発行者　高　橋　考
発行所　三　和　書　籍

〒112-0013　東京都文京区音羽2-2-2
TEL 03-5395-4630　FAX 03-5395-4632
sanwa@sanwa-co.com
http://www.sanwa-co.com
印刷所／中央精版印刷株式会社

乱丁、落丁本はお取り替えいたします。価格はカバーに表示してあります。

ISBN978-4-86251-378-6　C0039